과학 수사 ❶
초등 교과서
과학 실험

과학 수사 ❶

초등 교과서
과학 실험

국립과천과학관
박진희·유수정 지음

상상아카데미

차례

들어가기 전에 / 8

1. 과학 수사란 무엇인가?   10
2. 어떻게 증거를 찾아낼까?   16

1부 지문을 찾아라! / 20

1. 찾아라! 지문의 흔적   22

   [체험 활동] 집에 있는 재료로 지문을 분석해 보자!   32

   [두근두근! 실제 현장을 잡아라!] 미해결 사건도 지문 재검색을 해결할 수 있어!   37

2. 잡았다! 너의 손가락   38

   [체험 활동] 광원과 필터를 이용하여 미로에 숨겨진 그림을 찾아보자!   45

   [두근두근! 실제 현장을 잡아라!] 끈질긴 추적 끝에 범인을 찾아내다!   49

3. 밝혀라! 증거는 사라지지 않는다   50

   [두근두근! 실제 현장을 잡아라!] 브랜든 메이필드 사건   62

   지문을 검출하는 방법은 하나가 아니다   63

2부 나도 위조 감별 전문가! / 64

1. 쉿! 너와 나의 비밀 편지   66

[체험 활동] 위조는 정말 어려울까?   72

[체험 활동] 비밀 편지를 만들어 보자!   75

[두근두근! 실제 현장을 잡아라!] 완전 범죄는 없다   79

2. 찾아라! 할머니의 유언장   80

[체험 활동] 알록달록 무지개를 만들어 볼까?   87

[체험 활동] 꽃다발을 만들어 보자   89

3. 알고 있지? 지폐의 비밀   94

[두근두근! 실제 현장을 잡아라!] 엉터리 위조지폐 만든 범인, 덜미 잡혔다   110

3부 유전자를 밝혀라! / 112

1. 유전자로 잡은 범인   114

[도전] 전기영동 실험을 통한 유전자 분석 도전!   120

[두근두근! 실제 현장을 잡아라!]
과학 기술로 밝혀진 화성 연쇄 살인 사건의 범인   126

부록   1. 안경 도안   129 / 2. 미로판   131
3. 서약서 1   133 / 4. 서약서 2   135 / 5. 증거 자료 1, 2   137

이 책의 구성과 특징

본격적인 수사에 들어가기에 앞서 과학 수사란 무엇인지를 먼저 알아봐야겠죠? 과학 수사란 무엇인지, 어떻게 증거를 찾아내는지 파악할 수 있도록 구성했어요.

사건의 핵심 개념과 함께 교과 연계를 확인할 수 있어요.

과학 수사의 핵심은 실험! 실험 목표를 확인해 보세요.

이번에는 하니가 어떤 사건을 맡게 되었는지 만화로 확인하세요!

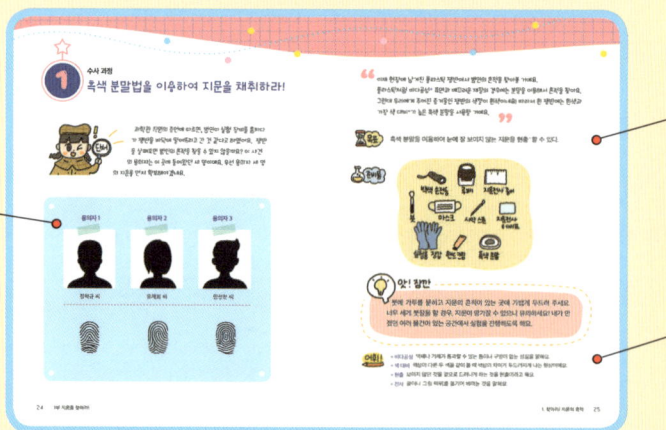

사건 해결을 위해서 용의자를 찾는 것은 중요해요. 용의자의 특징을 확인하세요.

실험 목표와 준비물, 그리고 유의해야 할 점을 알 수 있어요.

어려운 용어는 '어휘'를 통해 확인하세요.

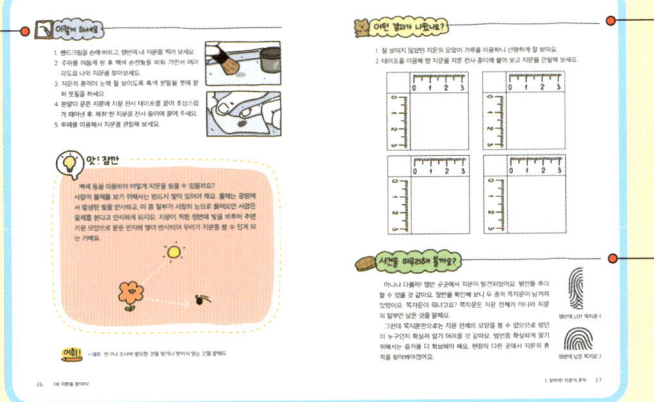

과학 수사를 위한 실험 방법이에요. 차근차근 따라서 실험해 보세요.

실험 결과를 스스로 정리해 보세요.

실험 결과를 분석하여 사건을 마무리할 수 있어요. 곧 범인을 찾을 수 있겠죠?

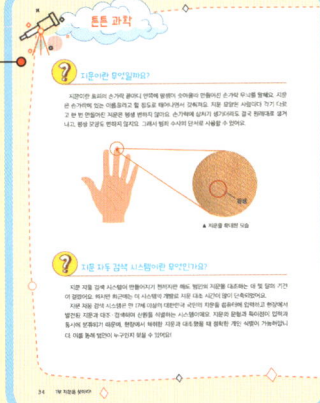

수사 과정에 필요한 과학 지식을 정리했어요. 실험이 끝난 뒤에 읽어 보세요.

우리가 체험한 과학 수사 기법을 활용해 실제 사건을 해결한 현장을 정리했어요.

국립과천과학관 선생님들의 실험 관련 영상은 본문에 있는 QR 코드를 이용하여 확인할 수 있어요.

들어가기 전에

1. 과학 수사란 무엇인가?
2. 어떻게 증거를 찾아낼까?

1. 과학 수사란 무엇인가?

과학 수사

　'과학 수사'란 과학적으로 검증된 지식·기술·기법·장비·시설 등을 활용하여 객관적 증거를 확보하기 위한 수사 활동을 말해요. 사건 현장에서 사진을 찍고 증거가 될 만한 것들을 채취하는 등 다양한 증거를 찾는 일이 '과학 수사'의 시작이에요.

　과학 수사에 필요한 학문 분야를 '법과학'이라고 해요. 법과학에 '법'이란 단어가 붙은 이유는 무엇일까요? 그 이유는 법과학이 과학의 한 분야이지만, 법의 영역에서 필요한 과학적 사실을 연구하고 적용하는 분야이기 때문이에요. 즉, 법과학은 증거들의 의미를 파악하고 해석하는 학문이에요. 법과학을 활용하여 과학 수사를 하면 중요한 사실을 수사 기관에 제공할 수 있고 범죄를 입증하여 재판의 판단에 기여할 수 있어요.

과학 수사의 시작

역사적인 내용을 다룬 드라마나 영화를 보면 거짓으로 자백하게 만들거나, 엉뚱한 이유로 죄 없는 사람을 범인으로 몰고 가기도 해요. 그렇다면 옛날에는 현대의 드라마나 영화처럼 멋지게 억울함을 풀어 주는 일은 전혀 없었을까요?

물론 지금처럼 현대적인 지식과 기술력으로 수사를 하지는 못하였지만, 옛날에도 나름의 과학 수사를 위한 노력이 있었어요. 옛날에는 주로 죽은 사람의 사망 이유를 밝히는 것에 초점을 두었어요. 즉, '검시'를 하는 것이 역사적으로 과학 수사의 시작이라고 할 수 있어요.

과거 과학 수사의 기록

기록에 따르면 1247년에 중국 송나라의 송자가 집필한 《세원집록》이라는 책에서 검시에 대한 기록이 최초로 발견되었다고 해요.

우리나라의 경우 조선 시대의 기록에서 검시에 대한 내용을 찾아볼 수 있어요. 1440년에 중국의 검시 관련 책인 《무원록》에 낱말이나 문장의 뜻을 쉽게 풀이한 주석을 달아서 새로 《신주무원록》이라는 책으로 출판하였어요. 그리고 《신주무원록》에서 애매하고 잘못된 점이

증수무원록언해

*검시 범죄나 사고에 의한 사망인지 판단하기 위해 시체를 검사하는 것. 검시에는 시체를 손상시키지 않는 검사인 검안과 시체를 해부하여 검사하는 부검이 있음.

나 부족한 내용을 실전의 경험을 통해 고치고 보완하여 펴낸 것이 《증수무원록》과 《증수무원록대전》이에요.

또한 《증수무원록대전》의 한문을 한글로 풀어서 쓴 《증수무원록언해》도 있어요. 《증수무원록언해》는 조선 말기까지 살인 사건의 지침서로서 의학, 법률과 같이 적용되었다고 해요. 그러나 계속되는 검시 방법의 발전으로 시체의 사망 원인을 밝히는 기술은 점점 좋아졌지만 검시만으로 범인의 흔적을 찾는 것은 한계가 있었어요.

현대 과학 수사의 시작

과거의 수사 방법이 검시를 하여 사망 원인을 밝히는 데 가장 큰 목적을 두었다면 현대의 과학 수사는 범인을 찾아내는 것에 조금 더 다가갔어요. 여러 명의 용의자 중 진짜 범인을 찾는 것이지요. 사람마다 다른 특징을 이용해서 범인을 찾아내는 방법으로 가장 오래된 것이 바로 '지문'을 분석하는 방법이에요. 지문에 대한 기록은 1600년대부터 남아 있고, 1900년대 초부터 법정에서 범죄의 증거로 채택되었어요. 그 밖에도 1900년대에는 혈액형, 미세 증거, 거짓말 탐지, 음성, DNA 등을 분석하는 방법 등이 차례로 나와 개인을 구분하는 기술이 발전하여 현대 과학 수사가 시작되었어요.

발전하는 과학 수사

오늘날 우리는 4차 산업혁명 시대를 살고 있어요. 과학 수사 분야도 이러한 영향을 받아 더욱 발전하고 있고요.

예를 들어 볼까요? 과학 수사 전문가는 가상 현실을 사용하여 훈련을 받고, 드론을 이용하여 사람이 가기 힘든 현장을 수색하고 범죄 현장을 살펴볼 수 있어요. 또한 유사한 사건 기록을 분석하거나 겹친 지문을 분리하는 기술 등에 인공지능을 도입하여 용의자를 더 빠르게 추적할 수도 있게 되었어요.

우리 사회는 점점 거대해지고 복잡해지면서 범죄 수법 또한 다양하고 교묘하게 진화하고 있어요. 단순히 몇 개의 증거나 추리만으로는 범인을 잡는 것이 어려워진 거죠. 이와 같이 나날이 교묘해지는 범죄에 맞서 과학 수사도 빠르게 발전하고 있어요.

과학 수사의 분야

과학 수사에서는 증거물을 정확하게 해석하는 것이 무엇보다 중요해요. 이를 위해 다양한 분야의 도움이 필요하죠. 과학 수사에 필요한 학문에는 법과학, 법공학, 법의학이 있어요.

여기서 과학은 자연 현상의 여러 분야에 대해 이해하려는 학문이에요. 공학은 우리가 접하는 다양한 문제를 직접 해결하려는 학문이고, 의학은 인체의 구조와 기능을 조사해서 상해나 질병 예방 및 치료에 대한 방법과 기술을 연구하는 학문이에요.

그럼 법과학, 법공학, 법의학은 무엇일까요? 과학, 공학, 의학을 기초로 하여 법률적으로 중요한 사실 관계를 연구하고 해석하는 학문이에요. 과학, 공학, 의학에도 다양한 분야가 있듯이 법과학, 법공학, 법의학에도 다양한 분야가 있어요.

법과학 분야

DNA 분석	누군지 모르는 사망자나 실종자의 신원* 확인	마약, 약품, 식품 등의 독성 분석	동물, 식물, 미생물 등의 종 확인	미세 증거물 (유리, 페인트, 섬유, 토양 등)의 화학적 검사

법공학 분야

 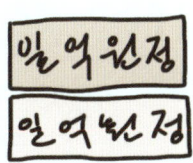   

| 지문, 족적 분석 | 필적, 도장 등 문서 분석 | 영상, 음성 분석 | 화재 등의 안전사고 | 디지털 증거물의 정보 복원 및 인증 등 |

법의학 분야

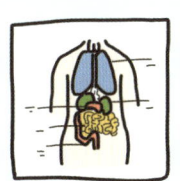    

| 검안*, 부검* | 법치의학 및 법의인류학*적 분석 | 인체 관련 다양한 증거물의 법의학적 판단 | 거짓말 탐지 | 몽타주, 범죄분석* 등 |

어휘!

* **신원** 개인과 관련된 주소, 이름, 직업 등의 자료
* **검안** 사망 원인을 확인하기 위해 시체를 손상시키지 않고 의학적으로 검사하는 일
* **부검** 검안으로 사망 원인을 판단하기 힘들 때 사망 원인을 확인하기 위해 시체를 해부하여 검사하는 일
* **법의인류학** 뼈를 분석하여 사망한 사람의 사망 원인, 성별, 키, 나이 등을 밝히는 학문
* **범죄분석** 범죄 환경 및 동기, 범죄 행동, 범죄 예방 방법 등을 연구하는 일

2. 어떻게 증거를 찾아낼까?

과학 수사 진행 과정

사건이 발생하면 과학 수사관들은 어떤 일들을 할까요?

증거물 수집
- 생물학적 증거 지문, 혈액, 머리카락 등
- 물리학적 증거 발자국, 바퀴자국 등
- 미세 증거 유리, 섬유, 페인트 조각, 흙 등

현장 보존
- 경찰 통제선 설치
- 출입 시 보호구 착용

1. 현장 보존

피해자가 부상을 당했거나 도움이 필요한 경우 최대한 사건 현장이 훼손되지 않도록 하며 조치를 취해야 해요. 그리고 사건 현장을 보존하기 위해 경찰 통제선을 설치하여 수사와 관계없는 사람들의 출입을 막아요. 영화나 드라마에서 노란색 띠를 둘러놓은 장면을 본 적이 있을 거예요. 노란색 띠가 바로 경찰 통제선이에요.

수사를 위해 경찰 통제선 안쪽 사건 현장에 들어갈 때에는 보호구를 착용해야 해요. 그리고 바닥에 통행판을 설치하여 필요하면 그 위를 밟고 다니게 함으로써 현장에 남아 있을지 모를 족적 등이 훼손되지 않도록 해요. 또 현장을 조사하는 동안 주변에 쓰레기를 버리거나 현장에 있는 물품 등을 사용해서는 안 돼요.

2. 현장 관찰 및 기록

과학 수사관은 사건에 대해 꼼꼼히 기록해야 해요. 처음 신고를 받고 출동한 경찰관을 통해 들은 진술과 직접 사건 현장을 관찰한 것을 자세히 기록으로 남겨야 해요. 또 현장 도착 시각과 날씨, 사건 현장과 주변의 상황, 증거 수집 절차, 감식 종료 시각 등도 기록해요.

3. 증거물 수집

과학 수사관들은 사건 현장을 살피며 증거물들을 꼼꼼히 수집해요. 사건 현장에서 발견할 수 있는 증거물에는 지문, 혈액, 머리카락 같은 생물학적 증거물과 발자국, 바퀴 자국 같은 물리학적 증거물, 유리, 섬유, 페인트 조각, 흙과 같은 미세 증거물 등이 있어요. 이러한 증거물은 원래의 모습을 최대한 유지할 수 있도록 적절한 방법을 이용해 수집해요.

그리고 증거물을 잘 보존할 수 있는 형태로 포장해서 수집 장소와 수사관의 이름을 적은 후 운반해요. 또한 증거물 발견 당시의 상태와 수집 후 현장의 상황을 촬영해 두어요. 수집된 증거물을 경찰청 과학 수사대에서 자체 분석하거나 국립 과학 수사 연구원에 의뢰하기도 해요.

4. 현장 감식 결과 보고서 작성

과학 수사관이 사건 현장에 출동하여 현장을 보존하고 관찰, 증거물 수집, 기록을 통해 사건 해결의 실마리를 찾아 나가는 과정을 현장 감식이라고 해요. 과학 수사관은 현장 감식 후 '현장 감식 결과 보고서'를 작성해요. 그리고 이 내용을 '과학적 범죄 분석 시스템(SCAS)'에 입력하여 수사를 맡은 경찰관이 확인할 수 있도록 해요.

도전하세요!
이 책을 읽고 지금 바로 과학 수사에 도전해 보세요!

지문을 찾아라!

1. 찾아라! 지문의 흔적
2. 잡았다! 너의 손가락
3. 밝혀라! 증거는 사라지지 않는다

찾아라! 지문의 흔적

핵심 개념: 빛의 반사, 자석의 성질
연계 교과: 초등 과학 4학년 2학기 3. 그림자와 거울 | 초등 과학 3학년 1학기 4. 자석의 이용

실험 목표

1. 지문의 종류와 분류 방법을 알 수 있다.
2. 흑색 분말, 자성 분말을 이용하여 지문을 찾을 수 있다.

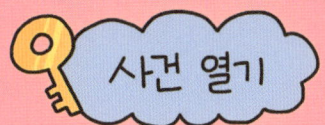

1 흑색 분말법을 이용하여 지문을 채취하라!
수사 과정

과학관 직원의 증언에 따르면, 범인이 실험 장비를 훔치다가 쟁반을 바닥에 떨어뜨리고 간 것 같다고 하였어요. 쟁반을 살펴보면 범인의 흔적을 찾을 수 있지 않을까요? 이 사건의 용의자는 이 곳에 들어왔던 세 명이에요. 우선 용의자 세 명의 지문을 먼저 확보해야겠네요.

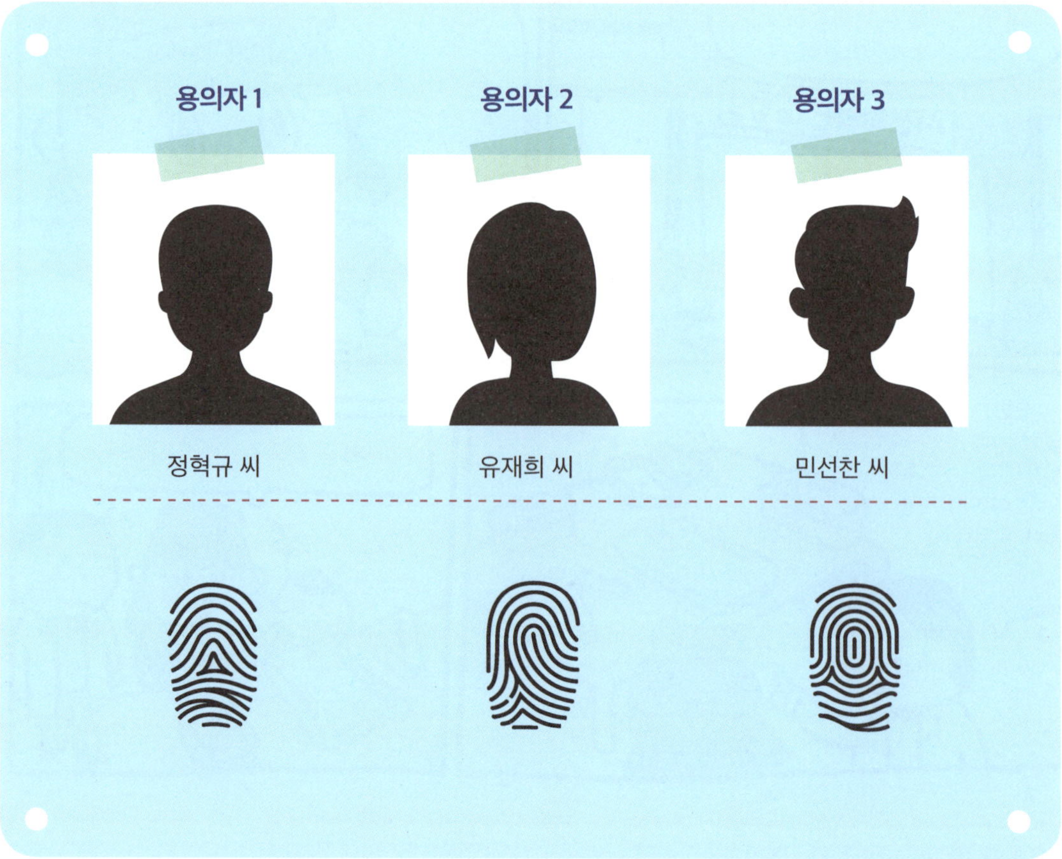

용의자 1	용의자 2	용의자 3
정혁규 씨	유재희 씨	민선찬 씨

> 이제 현장에 남겨진 플라스틱 쟁반에서 범인의 흔적을 찾아볼 거예요.
> 플라스틱처럼 비다공성* 표면과 매끄러운 재질의 경우에는 분말을 이용해서 흔적을 찾아요.
> 그런데 우리에게 주어진 증거물인 쟁반의 색깔이 흰색이네요! 따라서 흰 쟁반에는 흰색과 가장 색 대비*가 높은 흑색 분말을 사용할 거예요.

 흑색 분말을 이용하여 눈에 잘 보이지 않는 지문을 현출*할 수 있다.

앗! 잠깐

붓에 가루를 묻히고 지문의 흔적이 있는 곳에 가볍게 두드려 주세요. 너무 세게 붓질을 할 경우, 지문이 망가질 수 있으니 유의하세요! 내가 만졌던 여러 물건이 있는 공간에서 실험을 진행하도록 해요.

* **비다공성** 액체나 기체가 통과할 수 있는 틈이나 구멍이 없는 성질을 말해요.
* **색 대비** 색상이 다른 두 색을 같이 볼 때 색상의 차이가 두드러지게 나는 현상이에요.
* **현출** 보이지 않던 것을 겉으로 드러나게 하는 것을 현출이라고 해요.
* **전사** 글이나 그림 따위를 옮기어 베끼는 것을 말해요.

 이렇게 하세요

1. 핸드크림을 손에 바르고, 쟁반에 내 지문을 찍어 보세요.
2. 주위를 어둡게 한 후 백색 손전등을 비춰 가면서 여러 각도로 나의 지문을 찾아보세요.
3. 지문의 흔적이 눈에 잘 보이도록 흑색 분말을 붓에 묻혀 붓질을 하세요.
4. 분말이 묻은 지문에 지문 전사 테이프를 붙여 조심스럽게 떼어낸 후, 채취*한 지문을 전사 종이에 붙여 주세요.
5. 루페를 이용해서 지문을 관찰해 보세요.

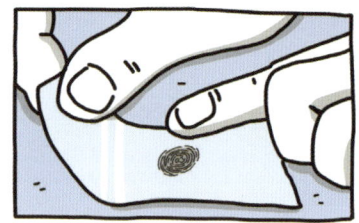

 앗! 잠깐

백색 등을 이용하여 어떻게 지문을 찾을 수 있을까요?
사람이 물체를 보기 위해서는 반드시 빛이 있어야 해요. 물체는 광원에서 발생한 빛을 반사하고, 이 중 일부가 사람의 눈으로 들어오면 사람은 물체를 본다고 인식하게 되지요. 지문이 찍힌 쟁반에 빛을 비추어 주면 지문 모양으로 묻은 먼지에 빛이 반사되어 우리가 지문을 볼 수 있게 되는 거예요.

 *채취 연구나 조사에 필요한 것을 찾거나 받아서 얻는 것을 말해요.

1. 잘 보이지 않았던 지문의 모양이 가루를 이용하니 선명하게 잘 보여요.
2. 테이프를 이용해 뗀 지문을 지문 전사 종이에 붙여 보고 지문을 관찰해 보세요.

사건을 마무리해 볼까요?

아니나 다를까! 쟁반 곳곳에서 지문이 발견되었어요. 범인을 추리할 수 있을 것 같아요. 쟁반을 확인해 보니 두 종의 쪽지문이 남겨져 있었어요. 쪽지문이 뭐냐고요? 쪽지문은 지문 전체가 아니라 지문의 일부만 남은 것을 말해요.

그런데 쪽지문만으로는 지문 전체의 모양을 볼 수 없으므로 범인이 누구인지 확실히 알기 어려울 것 같아요. 범인을 확실하게 알기 위해서는 증거를 더 확보해야 해요. 현장의 다른 곳에서 지문의 흔적을 찾아봐야겠어요.

쟁반에 남은 쪽지문 1

쟁반에 남은 쪽지문 2

2. 수사 과정
지문을 어떻게 분류할 수 있을까?

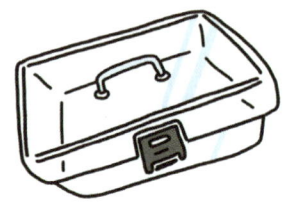

쟁반에 있는 쪽지문만으로는 범인을 확정하기 힘들어요. 과학관 직원의 증언에 따르면, 재료함이 책상에 흩어져 있었다고 해요.

그렇다면 범인이 재료함을 만졌을 가능성이 있어요. 재료함에서 증거를 찾아볼까요? 이번에는 자성 분말을 이용해서 지문을 채취해 볼 거예요. 자성 분말을 사용하는 자성 분말법* 은 자성 가루 자체가 붓이 되기 때문에 증거물의 훼손을 줄일 수 있어요.

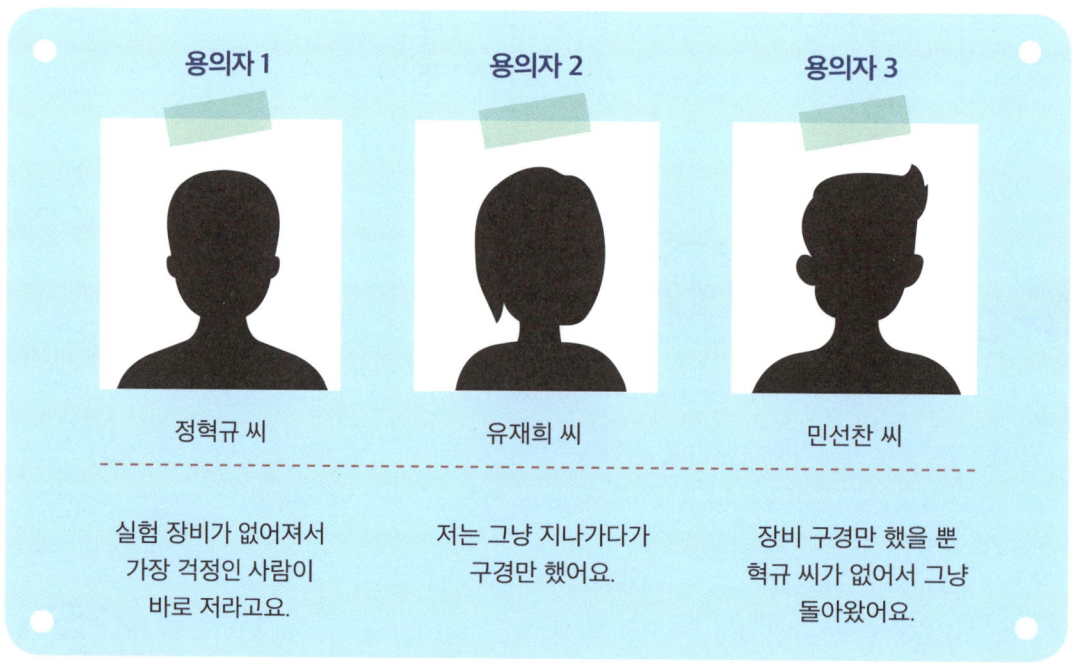

용의자 1 — 정혁규 씨: 실험 장비가 없어져서 가장 걱정인 사람이 바로 저라고요.

용의자 2 — 유재희 씨: 저는 그냥 지나가다가 구경만 했어요.

용의자 3 — 민선찬 씨: 장비 구경만 했을 뿐 혁규 씨가 없어서 그냥 돌아왔어요.

 자성 분말을 통해 현출한 지문을 관찰하고, 지문의 종류를 구분할 수 있다.

* 자성 분말이 없다면, 자석에 붙는 고운 철가루를 이용해도 좋아요.

 ***자성 분말법** 자성 분말법은 자석봉에 달라붙은 자성 분말이 만든 붓의 형태를 이용하여 지문을 채취하는 방법이에요. 자석에 잘 묻는 가루인 자성 분말을 이용하므로, 붓에 분말을 묻혀 사용하는 분말법보다 흔적의 훼손을 최소화할 수 있어요. 그래서 가죽, 플라스틱, 벽면, 사람의 피부 등에서 잠재 지문을 현출할 때에는 자성 분말법을 많이 사용해요.

1. OHP 필름에 지문을 찍어요.
2. 비닐백에 자석을 넣고, 자성 분말을 묻혀 보세요.
3. 지문이 찍힌 OHP 필름 위에 자성 분말을 살살 묻혀 보세요.
4. 루페를 이용하여 관찰해 보세요.

어떤 결과가 나왔나요?

자성 분말을 묻히지 않았을 때와 묻혔을 때, 지문이 어떻게 보이는지 그림으로 그려 보세요.

| 자성 분말을 묻히지 않았을 때 | 자성 분말을 묻혔을 때 |

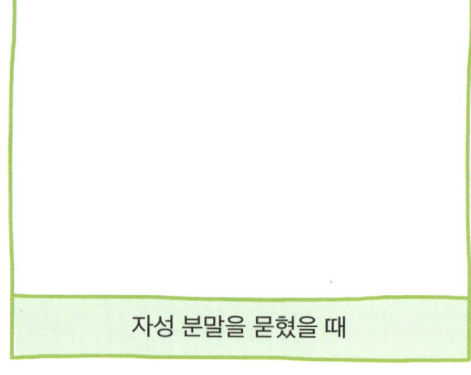

사건을 마무리해 볼까요?

이제 범인을 찾아볼까요?

책상에 있던 재료함에 분명 범인의 지문이 묻어 있을 거예요. 재료함에서 찾은 지문은 다음과 같아요. 혹시 범인의 지문이 남겨져 있는지 다른 곳도 찾아보세요. 책상 모서리에도 지문이 남아 있네요!

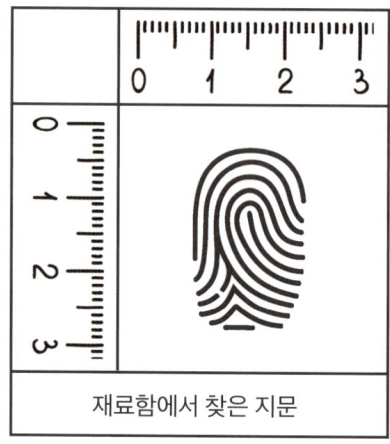
재료함에서 찾은 지문

책상 모서리에서 찾은 지문

책상 모서리의 지문은 범인이 책상에 있는 물건들을 가져가면서 남긴 것 같아요.

자성 분말을 이용해 찾은 지문들을 용의자의 지문들과 비교해 보세요! 세 명의 용의자 중 범인은 누구일까요?

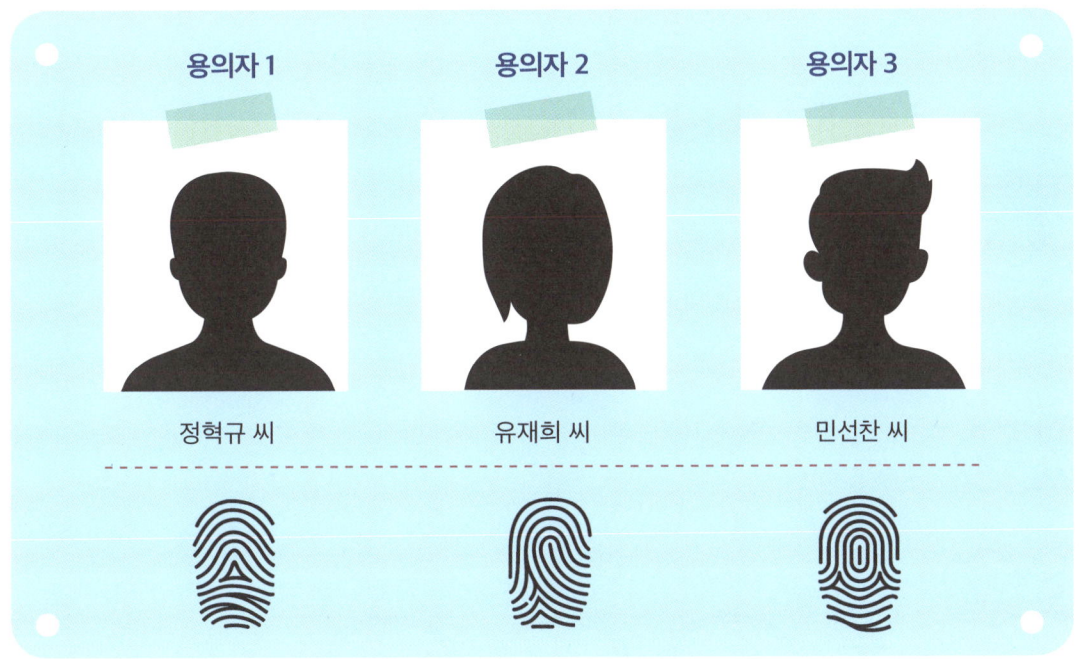

과학 수사 성공!

지문을 관찰한 결과, 범인은 용의자 2 유재희 씨로 드러났어요.
유재희 씨는 구경만 했다고 하였는데 쟁반과 재료함, 책상 모서리에 유재희 씨의 지문이 찍혀 있었어요. 유재희 씨에게 이 사실을 말하자 유재희 씨는 실험 장비를 처음부터 훔치려고 했던 건 아니라고 했어요. 과학 실험이 너무 하고 싶어서 몰래 과학실에 들어왔는데, 사람들이 오는 소리에 놀란 나머지 실험 장비를 가지고 나와 버렸다고 해요. 서두른 나머지 쟁반을 떨어뜨렸고요.
장비를 찾은 정혁규 씨는 다행히 과학 행사를 잘 마무리 지을 수 있었다고 하네요.
오늘도 명탐정 하니의 과학 수사는 성공!

 ## 집에 있는 재료로 지문을 분석해 보자!

집 안에서 활용 가능한 가루들로 지문을 찾아볼까요? 지문을 찾기 위해서는 최대한 가루 입자의 크기가 작아야 해요. 지문의 선과 선 사이가 구분되어야 하기 때문이죠. 그리고 지문이 묻어 있는 곳의 배경과 구분되어 지문이 잘 보여야 하므로 다양한 색깔의 가루가 필요해요. 그럼 이제 지문 찾기 실험을 해 볼까요?

 집에 있는 다양한 재료를 이용하여 지문이 묻은 흔적을 찾아내고, 분석해 볼 수 있다.

연필 가루, 밀가루, 코코아 가루, 식소다 등
다양한 고운 가루

미술 붓, 화장 붓   핸드크림   밝은색 컵, 어두운색 컵

＊ 연필의 끝부분을 가위로 살살 긁어내면 연필 가루를 얻을 수 있어요.

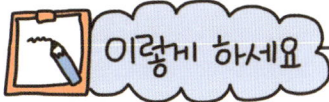 이렇게 하세요

1. 지문이 선명하게 드러날 수 있도록 핸드크림을 손가락에 골고루 얇게 발라 주세요. 핸드크림을 바르면 바르지 않았을 때보다 지문이 잘 보여요.
2. 컵의 겉부분에 살짝 대는 느낌으로 지문을 찍어 주세요. 너무 세게 누르면 지문이 뭉개질 수 있으니 주의해야 해요.
3. 밝은색 컵과 어두운색 컵에 준비된 가루를 붓에 묻혀 지문이 찍힌 곳에 가볍게 두드려 주세요.
4. 컵의 색에 따라 어떤 가루를 사용했을 때 지문이 가장 잘 보이는지 알아보세요.

밝은색 컵　　　　　어두운색 컵

 어떤 결과가 나왔나요?

컵의 색에 따라 어떤 가루를 사용했을 때 지문이 가장 잘 보이는지 색연필로 그려서 결과를 표현해 보세요.

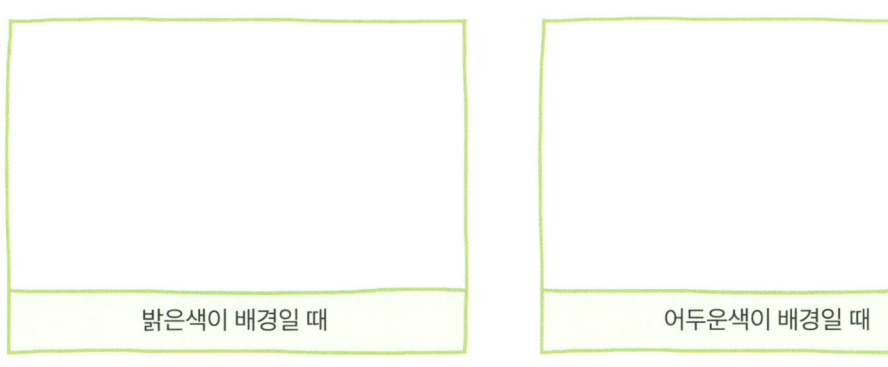

밝은색이 배경일 때　　　　　어두운색이 배경일 때

 지문이란 무엇일까요?

지문이란 표피의 손가락 끝마디 안쪽에 땀샘이 솟아올라 만들어진 손가락 무늬를 말해요. 지문은 손가락에 있는 이름표라고 할 정도로 태어나면서 갖춰져요. 지문 모양은 사람마다 각기 다르고 한 번 만들어진 지문은 평생 변하지 않아요. 손가락에 상처가 생기더라도 결국 원래대로 생겨나고, 평생 모양도 변하지 않지요. 그래서 범죄 수사의 단서로 사용할 수 있어요.

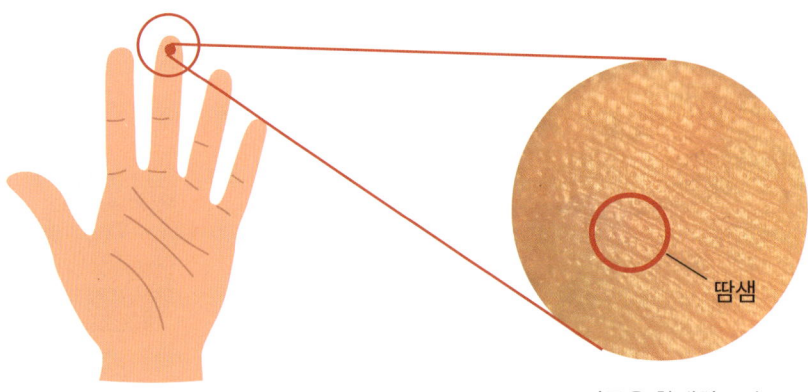

▲ 지문을 확대한 모습

 지문 자동 검색 시스템이란 무엇인가요?

지문 자동 검색 시스템이 만들어지기 전까지만 해도 범인의 지문을 대조하는 데 몇 달의 기간이 걸렸어요. 하지만 최근에는 이 시스템의 개발로 지문 대조 시간이 많이 단축되었어요.

지문 자동 검색 시스템은 만 17세 이상의 대한민국 국민의 지문을 컴퓨터에 입력하고 현장에서 발견된 지문과 대조·검색하여 신원을 식별하는 시스템이에요. 지문의 문형과 특이점이 입력과 동시에 분류되기 때문에, 현장에서 채취한 지문과 대조했을 때 정확한 개인 식별이 가능하답니다. 이를 통해 범인이 누구인지 찾을 수 있어요!

 ## 지문에 대한 연구는 언제부터였을까요?

1873년 의사인 헨리 폴즈는 토기 조각의 표면에서 미세한 선들이 그려져 있는 것을 발견하고, 그 선들이 사람의 지문이라는 것을 알게 되었어요. 그 후 1880년에 학술지인 네이처에 지문은 사람마다 다르기 때문에 범죄자의 신원을 파악할 수 있다고 주장하였지요. 1892년에 영국의 인류학자 프랜시스 골턴 경은 최초로 지문의 무늬를 궁형, 소용돌이형, 고리형으로 구분하였답니다.

이후 이러한 분류 체계들을 실제 수사에 사용하기 시작했답니다. 현재 우리나라에서도 지문을 궁상문, 와상문, 제상문으로 나누고 있어요.

 ▲ 궁상문  ▲ 와상문  ▲ 제상문

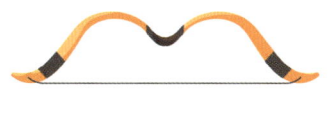 ▲ 활 모양 (궁형)  ▲ 소용돌이 모양 (소용돌이형)  ▲ 말발굽 모양 (고리형)

튼튼 과학

❓ 실제 사용되는 자성 분말법

분말을 활용해서 지문을 채취하는 것을 분말법이라고 해요. 물체의 종류에 따라 흑색 분말, 형광 분말, 자성 분말 등을 선택하여 사용한답니다.

이 중 자성 분말의 가장 큰 특징은 증거물의 훼손을 최소화하는 것이에요. 자성 분말을 자석 봉에 묻혀 지문이 있는 곳에 문질러 주면, 지문의 모양이 드러나요.

자석 봉을 분리해 보면, 자석 봉 끝부분에 네오디뮴 자석이 들어 있어요. 자성 분말의 경우에도 배경색에 따라 사용되는 가루의 색이 다르지만, 배경이 밝은 곳에서는 흑색 자성 분말을 사용하고, 배경이 어두운 곳에서는 증거물에 묻은 증거가 잘 보이도록 형광 자성 분말을 이용해요. 자성 형광 분말의 경우 자외선 등을 비추면 선명하게 지문의 모양이 드러나요.

  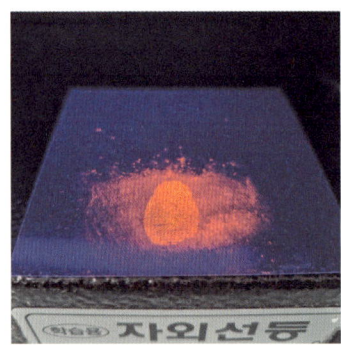

두근두근! 실제 현장을 잡아라!

미해결 사건도 지문 재검색을 통해 해결할 수 있어!

2011년에 제주도의 한 슈퍼에 침입해 금품을 훔쳐 달아난 남성이 6년 후 지문 검색을 통해 경찰에 붙잡힌 사건이 있었어요.

경찰에 따르면 A 씨는 슈퍼에 침입해 물건과 현금을 훔친 혐의를 받았어요. 범행 당시 A 씨는 슈퍼 안에 있는 소형 금고에 지문을 남겼으나 당시 미성년자였기 때문에 신원을 확인할 수 없었죠.

한편, 경찰은 지문 인식 시스템을 사용해 정기적으로 범행 현장에서 채취한 지문의 대조 작업을 해요. 6년이 지난 2017년에 경찰은 이 시스템을 통해 성인이 된 A 씨의 지문과 소형 금고에서 채취한 지문이 일치한다는 사실을 확인하였고, 결국 A 씨를 잡을 수 있었어요.

— 출처 인용 **제주일보**

잡았다! 너의 손가락

핵심 개념 : 빛의 종류, 빛의 3원색, 빛의 보색
연계 교과 : 초등 과학 6학년 1학기 5. 빛과 렌즈 | 중학교 과학 1 6. 빛과 파동

실험 목표

1. 형광과 보색의 원리를 이용하여 색이 있는 물건에서 지문의 흔적을 찾을 수 있다.
2. 빛의 3원색과 보색 관계를 이해할 수 있다.

사건 열기

1 수사 과정
형광 분말을 이용하여 증거를 찾아라!

과학관의 재롱둥이 로봇 댄서의 다리가 부러지는 사건이 발생하였어요. 로봇 댄서의 공연을 기다리는 친구들을 위해서라도 빨리 범인을 찾아야겠어요. 로봇 댄스가 시작되기 30분 전에 현장에 있었던 사람들이 용의자가 되겠네요. 다행히 현장에 있는 부러진 로봇 다리와 쓰러진 로봇들을 증거로 이용하여 추리할 수 있을 것 같아요.

용의자 1 
저는 공연 시작 전에 배가 너무 아파서 화장실에 다녀왔어요.
사회자 오인주 씨

용의자 2 
제가 로봇을 무대로 옮기기 위해 갔다가 로봇 다리가 부러진 것을 발견한 거예요.
현장요원 나혁주 씨

용의자 3 
저는 로봇 댄스 시작 30분 전에 로봇들을 모두 수리했어요. 제가 수리를 마치고 나올 때는 멀쩡했어요.
로봇기술자 장은석 씨

용의자 4 
저는 자리를 안내하느라고 바빠서 로봇을 보지 못했어요.
안내요원 배희서 씨

❝ 4명의 용의자 중 누가 로봇을 망가뜨렸을까요? 현장에서 널브러져 있었던 로봇 컨트롤러와 로봇 다리에 범인의 지문이 묻어 있을 거예요. 지문을 먼저 채취해 봅시다.

 범죄 현장에 남겨진 지문은 대부분 잠재지문*의 형태이기 때문에 맨눈으로는 쉽게 식별되지 않으므로 잘 보이도록 현출해야 해요. 우리는 먼저 지문을 찾아 형광 분말을 묻혀 줄 거예요. 그리고 지문 모양으로 묻은 형광 분말에 적절한 광원*을 비췄을 때 형광이 강조되어 보이는 성질을 이용하는 광학적 방법을 사용해 볼 거예요.

 자! 지문을 한번 찾아볼까요? ❞

Tip 광원과 필터*를 지문 분석에 이용하는 방법

 형광 물질은 어떤 빛을 받으면 특정 색으로 빛이 나요. 예를 들면 지문 모양으로 묻은 형광 물질은 파란 빛(광원)을 받았을 때 파란 배경 속에서 지문 모양만 노랗게 빛나요. 그리고 파란 빛을 막아주고 노란 빛만 통과시켜 주는 노랑 안경(필터)을 쓰면 우리는 노랗게 빛나는 지문의 융선을 아주 선명하게 볼 수 있어요. 이처럼 적절한 색깔의 빛을 잘 쬐어 주거나 막아 주면 선명한 지문을 찾을 수 있어요.

▲ 지문의 흔적이 남겨진 로봇과 로봇 컨트롤러

***잠재지문** 겉으로 쉽게 드러나지 않는 숨은 지문을 잠재지문이라고 해요.
***광원** 빛을 만드는 물체예요. 태양이나 형광등이 광원이에요.
***필터** 특정한 빛을 막거나 통과시키는 물체예요.

 **목표** 표면에 색이 있는 다양한 물체에 형광 분말을 이용하여 지문을 현출할 수 있다.

 **준비물**

 **앗! 잠깐**

형광 분말 사용 시에는 보안경과 마스크, 실험용 장갑을 꼭 착용해 주세요. 또 형광 분말을 너무 많이 묻히면 감식이 안 될 수 있으니, 적당량을 사용하세요. 붓에 가루를 묻히고 지문의 흔적이 있는 곳에 가볍게 두드려 주세요. 너무 세게 붓질을 할 경우, 지문이 망가질 수 있으니 유의하세요!

 **이렇게 하세요**

1. 손에 핸드크림을 바르고, 색이 있는 물건에 지문을 찍어 보세요.
2. 주위를 어둡게 한 후 백색 손전등을 비춰 가면서 지문의 흔적을 찾아보세요.
3. 형광 분말을 조금 덜어낸 후, 분말을 붓에 묻혀 주세요.

4. 노란 보안경을 착용하고 파란색 불빛을 비추며, 지문의 흔적이 있는 곳에 형광 분말을 붓질해 보세요.

5. 붓질하여 발견한 지문을 관찰해 보세요.

6. 전사 테이프를 이용하여 지문이 남아 있는 물건에서 지문을 채취하세요.

7. 전사 테이프를 지문 전사 종이에 붙여 주세요.

형광 분말을 이용하여 채취한 지문 전사 테이프를 지문 전사 종이에 붙여 보세요.

2. 잡았다! 너의 손가락

사건을 마무리해 볼까요?

현장에서 찾은 지문을 확인해 볼까요? 컨트롤러와 로봇 다리에서 채취한 지문은 다음과 같아요.

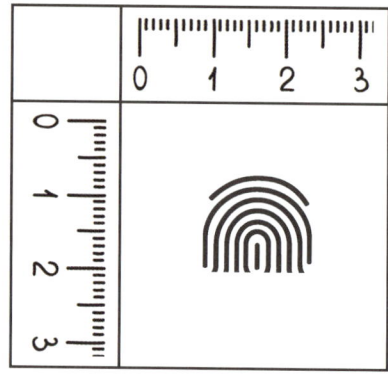
컨트롤러에서 찾은 지문

로봇 다리에서 찾은 지문

로봇 댄스 시작 30분 전에 현장에 있었던 용의자는 모두 4명이에요. 도대체 범인은 누구일까요? 현장에서 나온 지문들과 일치하는 지문은 누구의 것인지 알아봐요.

용의자 1
오인주 씨

용의자 2
나현주 씨

용의자 3
장은석 씨

용의자 4
배희서 씨

과학 수사 성공!

컨트롤러와 부러진 로봇 다리에서 발견된 지문과 일치하는 지문은 안내요원 배희서 씨의 것이었어요. 입사한 지 얼마 되지 않아서, 과학관의 모든 것들이 신기해 보였던 배희서 씨는 과학관에서 제일 유명한 댄스 로봇을 만져보고 싶었다고 해요. 그런데 컨트롤러를 이용해 로봇을 움직이던 중 실수로 로봇을 높은 곳에서 떨어뜨린 것이었어요. 놀란 나머지 그 자리에 로봇을 두고 도망쳤다고 해요. 로봇 댄스를 보기 위해 왔던 관람객들에게 정말 미안하다며 고개를 떨구고 잘못을 뉘우쳤죠. 오늘도 하나의 과학 수사 성공!

 # 광원과 필터를 이용하여
미로에 숨겨진 그림을 찾아보자!

 광원과 필터를 이용하여 형광, 빛의 보색에 대해 이해할 수 있다.

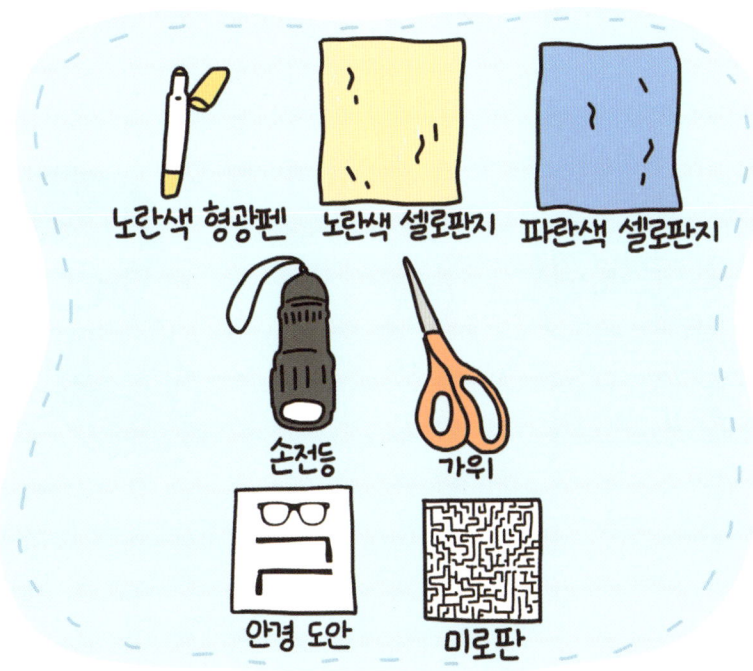

* 안경 도안과 미로판은 부록에 있습니다.

1. 129쪽에 있는 안경 도안을 도화지에 붙인 뒤 잘라서 안경 모양을 만들어 보세요.

2. 만든 안경알에 노란색 셀로판지를 붙여 주세요.

3. 손전등 앞은 파란색 셀로판지를 붙여 주세요. 이때, 셀로판지를 세 번 접어 주세요.

4. 131쪽에 있는 미로를 노란색 형광펜으로 풀어 보세요.

5. 파란색 손전등을 종이에 비추고, 노란색 안경을 쓴 후 자신이 푼 미로를 살펴보세요.

노란색 안경을 쓰고, 파란색 손전등을 비춘 후 자신이 푼 미로를 보았을 때 어떤 차이가 있나요? 노란색 안경을 쓰면 파란색 빛은 보이지 않고 노란 형광색만 보이기 때문에 더욱 선명하게 보여요.

튼튼 과학

❓ 우리가 볼 수 있는 빛은?

사람의 눈으로 감지할 수 있는 빛을 '가시광선'이라고 합니다. 가시광선은 빨강~보라까지의 빛을 의미합니다. 이외에 X선, 자외선, 적외선 등은 우리 눈에 보이지 않습니다.

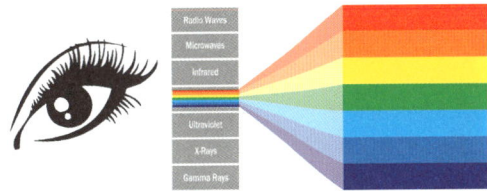

❓ 빛의 삼원색

빨간색, 초록색, 파란색 빛을 적절하게 합성하면 모든 색의 빛을 만들 수 있기 때문에, 이 세 가지 색을 빛의 삼원색이라고 합니다. 그럼, 빨간색, 초록색, 파란색이 빛의 삼원색인 이유는 무엇일까요? 우리 눈에는 빛의 색을 감지하는 세 가지 세포가 있는데, 각각은 빨간색, 초록색, 파란색 영역의 빛을 감지하여 우리 뇌에서 인식하기 때문입니다. 그 외의 모든 다른 색들은 이들 세 가지 세포가 감지하는 빛의 상대적인 세기의 조합에 의한 것입니다. 예를 들면 빨간색과 초록색을 섞으면 노란색으로 보입니다.

▲ 빛의 삼원색

❓ 빛의 보색

위에 있는 삼원색 속에서 서로 마주 보는 위치에 놓인 색의 관계를 보색이라고 합니다. 빨간색과 청록색, 파란색과 노란색, 초록색과 자홍색은 보색 관계이며, 보색은 서로 반대되는 색인만큼 두 색상의 대비가 강하게 느껴집니다. 그리고 보색을 이루는 두 가지 색상을 혼합하면 무채색(색깔이 없고 밝고 어두운 명도만 가진 색깔)이 됩니다.

튼튼 과학

❓ 과학 수사대는 왜 노란색 형광 분말과 청색광을 사용할까요?

청색광을 노란색 형광 분말에 비추면 형광 분말이 노랗게 빛납니다. 이때, 노란색 안경을 쓰고 보면 배경에 보였던 청색광은 보이지 않고 노란색으로 빛나는 형광 분말만 보이게 됩니다. 그래서 청색광을 노란색 필터로 차단하면 청색을 제외한 형광 빛을 투과시켜 잘 보이게 되는 것이지요.

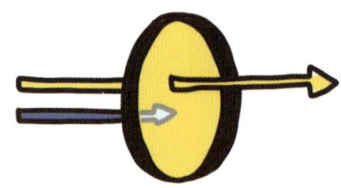

▲ 노랑 필터는 노란색 빛을 투과시키는 필터예요.

▲ 노랑 필터는 빨간색과 초록색은 투과시키지만 파란색은 투과시키지 않아요.

❓ 형광과 야광(인광)의 차이는 무엇인가요?

형광과 야광은 모두 특정 빛(청색광 또는 자외선)을 쬐어 주었을 때 스스로 빛을 낸다는 공통점이 있어요. 하지만 형광은 특정 빛을 쬐어 주는 순간에만 스스로 빛을 내고 쬐어 주지 않으면 빛을 내지 않아서 어둡게 보입니다. 그래서 주위가 어두울 때는 형광펜 글씨가 잘 보이지 않지만 특정 빛을 쬐어 주었을 때는 스스로 빛을 내는 특징 때문에 일반적인 잉크와는 다르게 보이게 되지요.

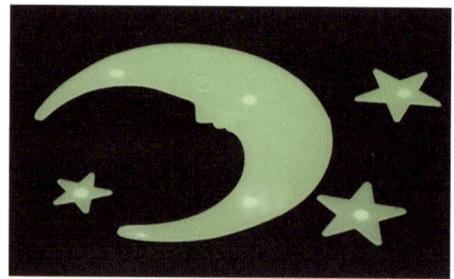

▲ 야광 스티커

야광은 특정 빛을 잠깐만 쬐어 주어도 물체에서는 일정 시간 동안 빛이 나게 됩니다. 그래서 비상구나 장식 스티커로 쓰입니다.

두근두근! 실제 현장을 잡아라!

끈질긴 추적 끝에 범인을 찾아내다!

전국의 찜질방을 돌며 절도 행각을 벌여온 범인이 검거되었다는 소식이 전해졌어요. 경찰은 범인 A 씨가 숙소에 남긴 지문을 이용해 범인임을 밝혔다고 해요.

A 씨는 찜질방과 목욕탕에서 금품을 훔친 혐의로 구속되었어요. 경찰에 따르면 A 씨는 사물함을 도구로 열고 지갑과 현금, 귀금속을 훔친 혐의를 받고 있어요. 경찰 조사에서 A 씨는 경제적으로 고통을 당하던 중 우연히 찜질방에서 다른 손님이 잠든 새 옷장 열쇠를 빼내 돈을 훔친 것을 계기로 절도 행각을 일삼았다고 진술했어요.

경찰은 A 씨가 묵었던 숙소에서 발생한 도난 사건을 수사하다 새벽에 퇴실한 투숙객을 용의자로 보고 조사를 하였어요. 그리고 객실 안에 있는 음료수 병에서 지문을 채취해 신원을 파악하여 범인을 잡을 수 있었다고 해요.

_ 출처 인용 **대구신문**

밝혀라! 증거는 사라지지 않는다

핵심 개념 상태 변화, 화학 변화
연계 교과 초등 과학 3학년 1학기 2. 물질의 성질 | 중학교 과학 3 1. 화학 반응의 규칙과 에너지 변화

> **실험 목표**
>
> 1. 눈에 보이지 않는 잠재 지문을 찾는 방법을 이해할 수 있다.
> 2. 화학 약품을 이용하여 지문을 검출하는 방법인 액체법, 기체법을 설명할 수 있다.

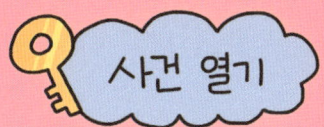

1 수사 과정
액체법을 이용하여 지문을 채취하라!

범인이 남기고 간 상장에 분명히 증거가 남아 있을 거예요. 어떤 증거가 남아 있을지 범인의 흔적을 함께 찾아봐요! 종이처럼 다공성* 표면의 경우에는 닌히드린 용액을 이용해 흔적을 찾을 수 있어요. 현장의 CCTV 각도로는 없어진 순간을 찍을 수는 없었지만, 다행히 상장이 없어지기 전에 가까이 있었던 사람들은 알 수 있었어요. 확인된 3명의 용의자를 먼저 수사해 볼게요. 그럼, 범인이 버리고 간 것으로 추정되는 상장에서 흔적을 찾아볼까요?

용의자 1	용의자 2	용의자 3
황추용 씨	서도진 씨	한하진 씨
저는 행사 마지막까지 구조물을 정비하고 있었어요.	저는 다음 택배가 밀려 있어서 서둘러 행사장을 떠났습니다.	콜록콜록, 저는 아파서 뒤에서 쉬고 있었어요.

*다공성 물체의 내부나 표면에 작은 구멍이 많이 있는 성질을 말해요.

 닌히드린 용액을 이용하여 눈에 보이지 않는 지문을 현출할 수 있다.

 앗! 잠깐

- 닌히드린 용액은 흡입하거나 눈에 들어가면 안 되므로, 실험실에서 실험할 때는 후드를 사용하여야 합니다. 또 실험실이 아닌 곳에서 실험할 때는 환기가 잘 되는 곳에서 실험을 진행하세요.
- 배경색이 어둡거나 복잡한 배경의 경우에는 닌히드린 용액을 잘 사용하지 않습니다. 이것은 닌히드린 용액이 지문의 흔적들과 반응하여 나타나는 색이 보라색이므로 배경색과 잘 대비되지 않아 확인하기 어렵기 때문입니다.

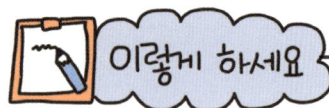 이렇게 하세요

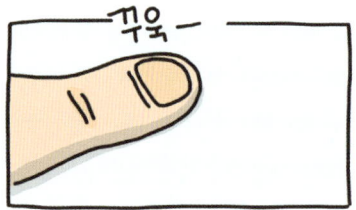

1. A4 용지에 지문을 찍어 주세요. 이때 손을 비벼 땀을 내준 후 진행하면 더 선명한 지문을 얻을 수 있어요.

2. 지문을 찍은 종이를 닌히드린이 담긴 통에 담가 적신 후 빼주세요.

3. 종이 위에 천을 덮고 스팀 다리미를 이용하여 열을 가해 주세요.

4. 종이 위에 나타난 지문을 확인해 보세요.

과학관 유튜브
액체법을 이용하여 지문을 채취하라!

 어떤 결과가 나왔나요?

잘 보이지 않았던 지문의 모양이 어떻게 보이는지 써 보세요.

 사건을 마무리해 볼까요?

1. 이제 범인을 찾아볼까요? 실제 현장에서 나온 지문은 다음과 같아요.

▲ 상장에서 나온 지문 1   ▲ 상장에서 나온 지문 2

2. 상장에서 나온 지문과 용의자 1, 2, 3의 지문을 비교해 보세요.

용의자 1
황추용 씨

용의자 2
서도진 씨

용의자 3
한하진 씨

제상문   궁상문   제상문

상장에서 나온 용의자의 지문은 쪽지문이거나, 너무 흐릿해서 이 증거를 통해서는 범인을 찾아내기 어려워요! 현장에 또 다른 증거가 없을까요? 앗! 트로피에서 범인의 지문이 흐릿하지만 보이는 것 같아요. 자세히 알아봅시다!

수사 과정
기체법을 이용하여 지문을 채취하라!

트로피에 나타난 지문을 분석하기 위해서 지문 분석 방법인 기체법을 이용해볼 거예요.

기체법은 CA 훈증법*으로 분말법이나 액체법과는 다르게 증거물에 직접적인 압력을 가하지 않기 때문에 지문의 손실이 적어요. 그렇기 때문에 이번에는 트로피에서 범인의 정확한 증거를 찾을 수 있을 거예요.

 기체법을 통해 지문을 현출할 수 있다.

 *CA 훈증법 CA는 '시아노아크릴레이트'를 의미하고, 훈증은 물체에 연기를 쐬어 주는 것을 말합니다. 금속, 유리, 비닐과 같은 비다공성 증거물에 묻은 잠재 지문을 현출할 때 주로 사용해요.

 **이렇게 하세요**

1. 페트리 접시 뚜껑 안쪽에 지문을 찍어 주세요.
2. 수세미 위에 순간 접착제(시아노아크릴레이트)를 적당량 뿌린 후 뚜껑 안쪽 지문이 찍힌 곳에 입김을 불고 뚜껑을 닫아 주세요.
3. 20분 정도 지난 후 뚜껑 안쪽에 어떤 변화가 생겼는지 루페를 통해서 관찰해 보세요.
4. 페트리 접시를 검은 종이 위에 올려놓고 관찰하면 더 잘 보입니다.

 **과학관 유튜브**
기체법을 이용하여 지문을 채취하라!

 **어떤 결과가 나왔나요?**

잘 보이지 않았던 지문의 모양이 어떻게 보이나요? 그림으로 표현해 보세요.

3. 밝혀라! 증거는 사라지지 않는다

이제 범인을 찾아볼까요? 실제 현장에 있었던 트로피에는 다음과 같은 지문이 나왔어요. 용의자 1, 2, 3 중 누가 거짓말을 한 것일까요?

트로피에서 나온 지문 1

트로피에서 나온 지문 2

지문을 비교해 보니 황추용 씨와 한하진 씨의 지문이 트로피에서 나온 지문과 거의 비슷하다는 것을 알 수 있어요.

용의자 1	용의자 2	용의자 3
황추용 씨	서도진 씨	한하진 씨

제상문   궁상문   제상문

용의자 1과 3의 지문의 차이점은 다음과 같아요!

용의자 1
황추용 씨

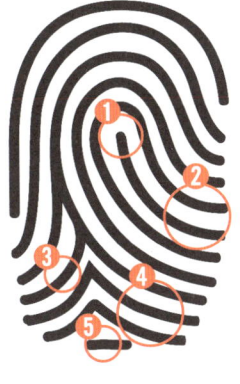

용의자 3
한하진 씨

❶ 중심점의 높이 차이
❷ 골의 간격 차이
❸ 단점의 차이
❹ 분기점(융선이 갈라지는 부분)의 차이
❺ 점과 선의 차이

과학 수사 성공!

용의자 1 황추용 씨와 용의자 3 한하진 씨는 유사한 제상문이어서 수사에 어려움이 있었어요.
하지만 트로피에 남아 있던 흔적에서 범인의 지문을 찾을 수가 있었지요! 범인은 바로 한하진 씨로 밝혀졌답니다! 과학행사에 나오고 싶었던 한하진 씨는 감기에 걸려 나오지 못해 홧김에 행동했다고 진실을 밝혔습니다.
오늘도 명탐정 하니의 과학 수사 성공!

튼튼 과학

화학 변화란 무엇인가요?

깎아 놓은 사과가 갈색으로 변하거나, 철이 공기 중의 산소, 물과 반응하여 녹이 생성되는 것과 같이, 물질이 변화하여 성질이 전혀 다른 새로운 물질이 생성되는 현상을 화학 변화라고 합니다.
　화학 변화가 일어나면 물질의 원자 배열이 변화하여 처음의 물질과는 전혀 다른 새로운 물질이 생성됩니다. 또 색이 변하거나 빛, 열, 냄새 등이 발생하며 성질이 달라지게 됩니다.

닌히드린의 화학 반응은 무엇인가요?

1954년에 스웨덴 과학자 스반테 오덴과 벵트 폰 호프스텐은 닌히드린으로 숨어 있는 흔적을 볼 수 있다고 발표했어요. 지문이 묻은 물체에는 보통 땀도 묻어 있는데, 땀 속에는 아미노산이 들어 있어서 닌히드린을 사용하면 화학 반응이 일어나 지문의 흔적이 있는 곳이 보라색으로 변하게 됩니다. 이 화학적 지문 검출 방법을 이용하면 종이처럼 표면에 미세한 구멍이 많은 물체에서 잘 보이지 않는 지문을 찾을 수 있습니다.

CA 훈증법이 궁금해요

시아노아크릴레이트(CA)가 수분과 반응하여 고체로 변하는 반응을 이용한 검사 방법이에요. 흔적이 남은 표면에 미세한 구멍이 없으면 대부분 적용할 수 있는 것이 특징입니다. 특별하게 설계된 상자 속에 흔적이 남은 물체를 넣고, '시아노아크릴레이트(순간 접착제 안에 있는 물질)'라는 물질을 가열해서 그 증기나 연기를 쐬게 합니다. 그러면 숨어 있는 흔적에 증기나 연기가 달라붙어 하얗게 변하게 되지요. 그 때문에 표면적이 넓은 증거물에도 적용하기 쉽고 눈에 보이지 않는 곳까지 구석구석 적용할 수 있습니다. 다만, 훈증법 특성상 습도와 온도에 큰 영향을 받기 때문에 적용하는 환경에 따라 주의가 필요합니다.

 ## 융선의 특성에 대해 알아볼까요?

　융선이란 손가락 끝마디에 있는 산맥과 같이 솟아오른 부분으로, 지문을 나타내는 곡선을 말해요. 융선의 흐름에는 여러 가지 특징적인 부분이 있는데, 융선과 융선 사이에 계곡 같이 파인 부분을 골이라고 하고, 융선이 끊어진 부분을 단점이라고 해요. 그리고 융선이 두 개로 갈라지는 부분은 분기점, 지문의 가장 중심 부분에 변화가 급격한 곳은 중심점, 융선의 흐름이 세 방향으로 모이는 곳을 삼각주라고 합니다.

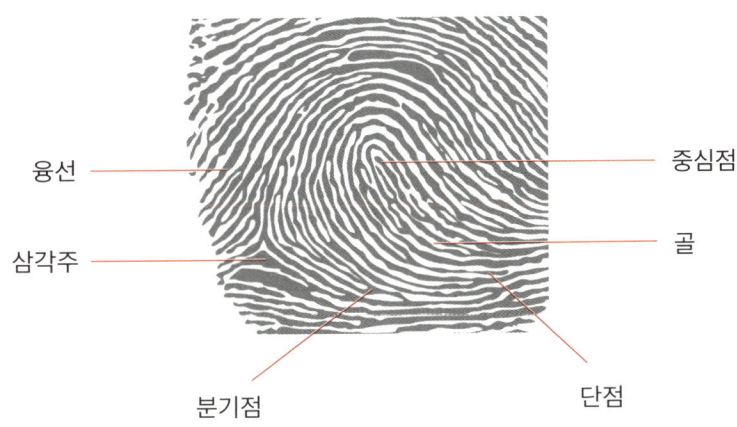

 ## 동물에게도 지문이 있을까요?

　지문은 인간에게만 있는 걸까요? 아니에요. 지문은 동물에게도 있답니다. 고릴라나 침팬지 같은 영장류는 물론, 코알라의 발에도 우툴두툴한 지문이 있어요. 이 지문 덕분에 미끄러지지 않고 물건을 움켜잡을 수 있답니다.

두근두근! 실제 현장을 잡아라!

브랜든 메이필드 사건

    2004년 3월 11일 아침, 스페인의 수도 마드리드를 운행하는 기차와 역사에 폭탄 테러가 발생하였어요. 최종 집계된 피해 상황이 사망 191명, 부상 1,800명에 이르는 엄청난 참극이었지요.

    경찰은 사건 현장을 철저히 감식한 끝에 폭탄을 운반한 것으로 추정되는 배낭에서 지문을 발견하였어요. 9.11 배후 세력인 알카에다 연루 가능성을 의심한 미국 FBI는 발견된 현장 지문을 FBI 지문 검색 시스템에 입력하고 보유 중인 데이터베이스의 지문과 대조하였어요.

    그 결과 융선의 특징이 유사한 20명의 용의자가 있었어요. 그중에는 아프가니스탄 탈레반에게 테러 훈련을 받으러 가려다 체포된 사람들을 변호해 주던 미국인 변호사 브랜든 메이필드도 있었어요. 메이필드는 범행을 완강히 부인하였지만 FBI는 현장에서 발견된 지문을 근거로 그를 체포하였지요. 이뿐 아니라 브랜든의 부인이 이집트 여성이었고, 브랜든이 기독교에서 이슬람교로 개종했으며, 과거 미국 정부를 상대로 전쟁을 선언했던 '포틀랜드 7인방' 중 한 명을 변호한 경력이 있다는 점도 체포의 이유가 되었어요.

    그런데 며칠 후 스페인 경찰은 FBI가 브랜든 메이필드의 지문이라고 결론 내린 것과 동일한 범죄 현장의 지문을 통해 스페인에 거주하는 알제리 남성의 신원을 확인하고 체포하였어요.

    결국 테러범은 스페인 경찰의 결론처럼 알제리 남성으로 밝혀졌고, 브랜든 메이필드는 석방되었지요.

    브랜드 메이필드 사건은 그동안 정확하다고 생각했던 지문 분석법에도 오류 가능성이 있다는 것을 알려 준 사건이에요. 이 사건 이후에 모든 과학적 증거 분석에서는 오류의 가능성을 염두하게 되었다고 해요!

— 출처 인용 **한국의 CSI / 표창원, 유제설 공저 / 북라이프**

지문을 검출하는 방법은 하나가 아니다!

2015년 9월 11일 '트렁크 살인 사건' 용의자를 검거하는 과정에서 지문 과학 수사 방법이 빛을 발하였어요.

화재가 발생한 사건 현장은 화재 신고를 한 주민과 소방대원들이 차량 내부에 있던 물건들을 바깥으로 끄집어내고 분말 소화기와 물을 뿌려대서 엉망인 상태였어요. 원래는 흑색 분말을 이용하여 선명한 지문을 찾아 채취하는데, 이 현장은 소화기 분말로 뒤덮여 있어 손전등 불빛으로 음영을 만들어 카메라로 촬영할 수밖에 없었지요. 현장에서 증거를 찾기 어려웠던 과학 수사팀은 '닌히드린 용액'을 이용하여 피해자 가방에 있던 편지지 뒷면에서 지문을 채취하였어요. 여기서 붉은색 빛깔의 선명한 지문을 얻었는데, 이것은 닌히드린 용액이 범인의 지문에 있었던 땀의 아미노산과 반응하면서 나타난 것이에요. 이와 같이 지문 검출 방법은 한 가지가 아니며, 다양한 과학 수사 기법을 이용하면 용의자를 더욱 정확하게 특정지어 검거할 수 있답니다.

— 출처 인용 **한국일보**

나도 위조 감별 전문가!

1. 쉿! 너와 나의 비밀 편지
2. 찾아라! 할머니의 유언장
3. 알고 있니? 지폐의 비밀

쉿! 너와 나의 비밀 편지

핵심 개념 위조 감별, 물질의 성질, 화학 변화
연계 교과 초등 과학 5학년 2학기 5. 산과 염기 | 중학교 과학 3 1. 화학 반응의 규칙과 에너지 변화

> **실험 목표**
> 1. 위조 문서를 감별하기 위한 증거를 찾고 판별할 수 있다.
> 2. 화학 반응을 이용하여 나만의 비밀 편지를 만들 수 있다.

사건 열기

1 수사 과정
진짜 서약서를 찾아라!

진짜 서약서를 찾아내야 영우의 오해를 풀 수 있겠네요. 어떻게 해야 할까요? 편지를 작성한 용성이와 주성이의 평소 글씨가 담겨 있는 알림장과 일기장을 증거로 가져왔어요. 편지와 증거 자료를 비교해 보고 어떤 것이 진짜 서약서인지 찾아보겠어요.

서약서 1	서약서 2
서약서 한용성과 기주성은 친구 왕영우와 언제나 함께 놀겠다고 약속합니다. 한용성 (한) 기주성 (인)	**서약서** 한용성과 기주성은 왕영우를 빼고 언제나 함께 놀겠다고 약속합니다. 한용성 (한) 기주성 (인)
증거 자료 1(한용성의 알림장)	증거 자료 2(기주성의 일기장)
한복, 약과, 윷놀이 등 우리나라 고유의 것 찾아오기.	집에 오는 길에 500원을 주웠다. 그래서 친구들이랑 떡볶이를 사 먹었다. 기분이 좋았다.

 **목표**
1. 위조 문서를 감별하는 데에 결정적인 증거가 되는 것을 찾을 수 있다.
2. 증거들을 종합하여 진짜 서약서와 위조 서약서를 구별할 수 있다.

 **준비물**

* 서약서와 증거자료는 부록에 있습니다.

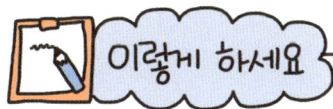 **이렇게 하세요**

진짜 서약서와 위조 서약서를 감별해 보세요.

1. 부록 133쪽과 135쪽에 있는 서약서 1과 서약서 2를 함께 두고 관찰해 보세요.
2. 위조 서약서라고 판단할 수 있는 단서에는 무엇이 있을지 찾아보세요.
3. 서약서에 있는 친구들의 필체를 증거자료와 비교 분석해 보세요.

 어떤 결과가 나왔나요?

1. 진짜 서약서와 위조 서약서에서 위조되었다고 판단할 수 있는 단서에는 무엇이 있을지 생각나는 대로 써 보세요.

2. 서약서와 준비한 증거 자료를 대조하면서 다른 점이 무엇인지 관찰하고 다른 부분을 오려서 붙여 보세요.

 사건을 마무리해 볼까요?

서약서가 위조되었다고 판단할 수 있는 단서에는 무엇이 있었나요?

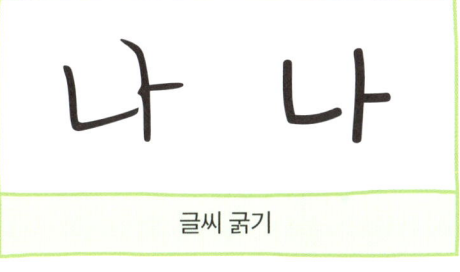

글씨 굵기

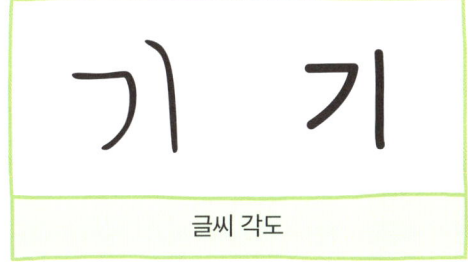

글씨 각도

종이 재질

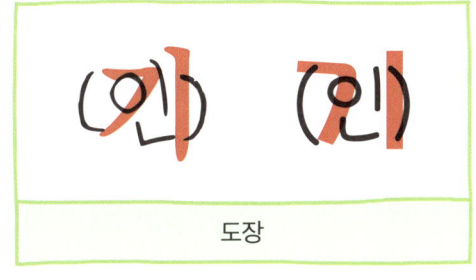

도장

증거 자료 1인 용성의 알림장의 글씨가 서약서 1의 글씨와 같다는 것을 발견했나요? 흠! 서약서는 용성이가 적었네요. 증거 자료 2인 주성의 일기장에서 찾은 글씨도 서약서 1의 주성의 글씨와 똑같아요. 그러므로 서약서 1이 진짜 서약서, 서약서 2가 위조 서약서인 것이 밝혀졌어요! 그러고 보니 용지도 서로 다르고 도장 서체도 서로 달랐어요.
영우는 안도의 한숨을 내쉬며 두 친구와 화해했어요.

체험활동 위조는 정말 어려울까?

아주 섬세하게 기술적으로 위조하면 아무도 모르지 않을 것이라고 생각할 수 있어요. 진짜 완벽하게 위조하는 것이 가능할지 우리 함께 편지의 도장을 위조해서 알아볼까요?

1. 도장을 위조해 보고, 위조 도장이 진짜 도장과 정말 다른지 비교해 본다.
2. 위조 결과를 통해 위조의 취약점을 직접 알 수 있다.

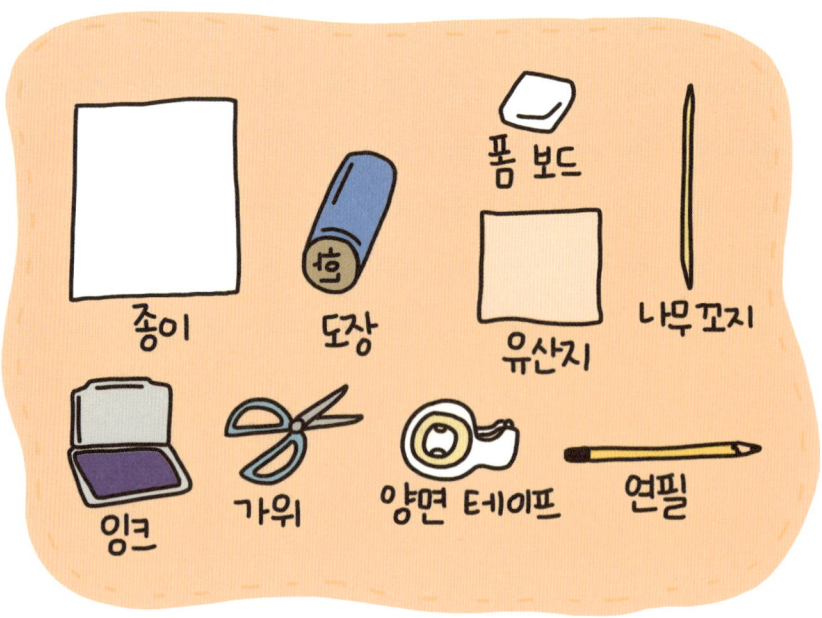

 이렇게 하세요

1. 종이에 도장을 찍은 뒤 도장 모양 위에 유산지를 대고 연필로 똑같이 따라 그려 보세요.

2. 도장 모양을 따라 오려 보세요.

3. 준비한 폼보드를 오려 낸 유산지와 같은 크기로 자른 뒤, 폼보드 조각에 오려 낸 부분을 붙여 보세요. 이때 글씨를 거꾸로 보이도록 붙여야 도장을 찍었을 때 바로 보일 수 있어요.

4. 나무꼬지로 폼보드를 꾹꾹 눌러 글씨만 볼록 튀어나오게 해 주세요.

5. 스탬프 잉크에 위조 도장을 찍어 보세요.

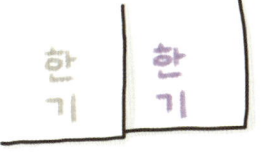

6. 진짜 도장으로 찍은 것과 위조 도장으로 찍은 것을 비교해 보세요.

 어떤 결과가 나왔나요?

종이에 찍은 도장	내가 위조한 도장

다른 점

 정확하게 위조되었나요? 생각만큼 똑같이 만들어지지 않죠? 종이 재질이나 도장의 종류, 온도나 습도 등 환경의 영향으로 도장을 똑같게 만드는 것이 쉽지 않답니다. 이처럼 도장을 위조하는 것은 어려운 일이어서 중요한 문서에 확인용으로 도장을 찍는답니다.

 ## 비밀 편지를 만들어 보자!

아무도 위조할 수 없도록, 우리들만의 비밀 편지를 만들어 볼까요?

 편지가 위조되는 것을 방지하기 위해서 나만이 알 수 있는 비밀 편지를 만들어 볼 수 있다.

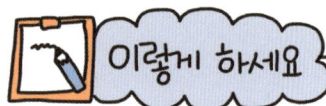 이렇게 하세요

1. 비타민 C(레모나 1봉)와 물 100 mL에 넣고 섞어서 비타민 용액을 만드세요.

2. 비타민 용액이 완성되었으면, 면봉에 비타민 용액을 충분히 적셔 비밀 편지를 쓰세요.

3. 글씨가 충분히 마를 때까지 기다리세요.

4. 이번에는 물 100 mL에 아이오딘 용액 10 mL를 섞어서 아이오딘 수용액을 만들어 보세요.

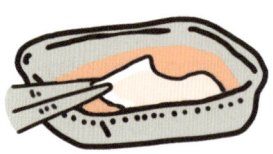

5. 다 마른 종이를 아이오딘 수용액에 담그면 숨겨진 글자를 읽을 수 있어요.

어떤 결과가 나왔나요?

내가 만든 비밀 편지를 잘 말려서 붙여 보세요.

튼튼 과학

 **보이지 않았던 비밀 편지의 글씨가 갑자기 나타나는 이유는 무엇일까요?**

 아이오딘 용액은 설탕, 소금, 소다 등 다른 물질과 섞으면 붉은 아이오딘 색을 유지하지만, 녹말과 섞으면 청람색을 띄어요. 이것은 녹말이 아이오딘 용액과 반응하여 색이 변하기 때문이에요. 흰 종이를 아이오딘 용액에 담그면 청람색으로 변하는 현상을 발견할 수 있는데, 공장에서 종이를 만들 때 재료로 사용하는 펄프가 잘 붙도록 녹말을 첨가하기 때문이에요.

 그런데 비타민 C 용액을 묻힌 종이를 아이오딘 용액에 담그면 종이의 색이 변하지 않고 흰색으로 남아 있는 것을 볼 수 있어요. 이것은 아이오딘 용액이 비타민 C와 만나면 전자를 받아 아이오딘 이온으로 변하고, 변한 아이오딘 이온 용액은 전분과 반응할 수 없어서, 청람색으로 바뀌지 않기 때문이에요.

 따라서 비밀편지에 비타민 C로 글씨를 쓴 후 아이오딘 용액에 담그면 글씨 부분만 하얗게 나타나 글씨를 읽을 수 있게 되는 것이지요.

> 두근두근!
> 실제 현장을 잡아라!

완전 범죄는 없다

"저 사람의 서명이 맞습니다. 다른 서명과 비교해 봐도 똑같지 않습니까?"

전 재무이사 전 씨는 사장 이 씨를 보며 답답한 가슴을 쳤어요. 전 씨는 문서에 있는 이 씨의 서명이 다른 회사 서류에 있는 이 씨의 서명과 동일하다는 감정서까지 가지고 와서 이 씨를 몰아붙였어요. 하지만 이 씨는 "저 서명은 제 것이 아닙니다." 하면서 위조된 것임을 주장하였어요.

사건은 경영자문 계약료 때문이었어요. 계약서에는 이 씨가 경영자문을 대가로 전 씨에게 5억 3,000만 원의 자문료를 준다고 되어 있었어요. 그러나 사장 이 씨는 자문 계약서가 위조되었다고 주장한 거예요.

1차 수사에서 경찰은 전 씨가 제출한 자문 계약서 사본에 있는 서명이 진짜인지 확인하기 위해 국립 과학 수사연구원에 의뢰하였어요. 하지만 사본 서류에 대한 필적 감정은 불가능했기 때문에 '증거 없음' 불기소 의견으로 검찰에 송치되었지요. 고민에 빠진 담당 검사는 대검찰청 국가디지털포렌식센터(NDFC)의 도움을 받아보기로 하였어요.

NDFC는 전 씨가 제출한 자문 계약서 사본과 이 씨가 서명한 다른 문서들을 두 차례에 걸쳐 정밀 분석하였고, 그 결과 미세한 차이가 있다는 것을 확인하였어요. 전 씨가 진짜라고 주장한 자문 계약서 사본에 적힌 이 씨의 서명이 사실은 여러 개의 서류에 있는 이 씨의 서명을 하나씩 복사하여 위조한 것임을 밝혀낸 것이지요.

이를 바탕으로 검찰은 전 씨를 추궁하였고, 전 씨는 결국 자신이 한 일이라고 자백하였어요. 이렇게 해서 전 씨는 사문서 위조와 사기 미수 혐의로 기소되었어요.

대검 과학 수사 기획관은 "앞으로 객관적 증거물 분석을 통한 과학 수사로 사건의 실체적 진실을 발견하여 사건 관계인이 억울한 일을 당하지 않도록 노력할 것"이라고 하였어요.

— 출처 인용 **법률신문 뉴스**

찾아라! 할머니의 유언장

핵심 개념 혼합물, 혼합물의 분리
연계 교과 초등 과학 4학년 1학기 5. 혼합물의 분리 | 중학교 과학 2 6. 물질의 특성

> **실험 목표**
> 1. 진짜 유언장을 구별하기 위한 과학적 방법을 탐구할 수 있다.
> 2. 크로마토그래피를 통해 증거물을 분석할 수 있다.

2. 찾아라! 할머니의 유언장

1 수사 과정
진짜 유언장을 찾아라!

할머니는 세 남매에게 각각 유언장을 남겼어요. 그런데 세 남매의 유언장 내용은 다 다른데, 필체도 도장도 할머니 것이었어요. 세 남매의 유언장 중에 진짜 유언장을 찾을 수 있을까요?

세 남매의 유언장을 비교해 보았더니, 문제가 되는 부분은 숫자가 적힌 부분이었어요. 할머니가 작성한 진짜 유언장이라면 같은 펜을 사용하셨을 거예요! 하지만 누군가 할머니의 유언장을 조작했다면 다른 펜을 사용했겠지요? 그렇다면 펜의 종류를 과학적 방법으로 알아맞혀 볼까요?

증거 자료 1	증거 자료 2	증거 자료 3
유언장 유언자 나복자는 유언서에 의하여 다음과 같이 유언을 한다. 내가 사망 시 1) 첫째 조현세에게는 나의 재산 40%를 증여한다. 2) 둘째 조만세에게는 나의 재산 30%를 증여한다. 3) 셋째 조정세에게는 나의 재산 10%를 증여한다. 4) 나머지 재산은 지역 아동들을 돕는데 기부한다. 첫째야 동생들을 잘 챙기거라. 서로 돕고 살아라, 항상 아끼고 사랑하여라. 유언자 나복자 (복자)	유언장 유언자 나복자는 유언서에 의하여 다음과 같이 유언을 한다. 내가 사망 시 1) 첫째 조현세에게는 나의 재산 10%를 증여한다. 2) 둘째 조만세에게는 나의 재산 80%를 증여한다. 3) 셋째 조정세에게는 나의 재산 10%를 증여한다. 4) 나머지 재산은 지역 아동들을 돕는데 기부한다. 둘째야 너는 아이들이 많으니 유산을 조금 더 많이 남긴다. 서로 돕고 살아라, 항상 아끼고 사랑하여라. 유언자 나복자 (복자)	유언장 유언자 나복자는 유언서에 의하여 다음과 같이 유언을 한다. 내가 사망 시 1) 첫째 조현세에게는 나의 재산 10%를 증여한다. 2) 둘째 조만세에게는 나의 재산 30%를 증여한다. 3) 셋째 조정세에게는 나의 재산 10%를 증여한다. 4) 나머지 재산은 지역 아동들을 돕는데 기부한다. 셋째야 내가 없어도 형제끼리 우애 깊게 지내거라. 서로 돕고 살아라, 항상 아끼고 사랑하여라. 유언자 나복자 (복자)
첫째 조현세가 주장하는 진짜 유언장	둘째 조만세가 주장하는 진짜 유언장	셋째 조정세가 주장하는 진짜 유언장

유언장의 다른 부분		
증거 자료 1	증거 자료 2	증거 자료 3
재산 ㊵%를 증여 재산 ㉚%를 증여 재산 10%를 증여	재산 ⑩%를 증여 재산 ⑧%를 증여 재산 10%를 증여	재산 ⑩%를 증여 재산 ㉚%를 증여 재산 10%를 증여

1. 크로마토그래피를 사용하여 펜의 종류를 구분할 수 있다.
2. 펜의 종류에 따른 문서의 위조 여부를 판단할 수 있다.

*거름종이 대신 커피 필터를 사용할 수 있어요.

2. 찾아라! 할머니의 유언장

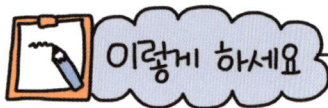 **이렇게 하세요**

1. 거름종이 또는 커피 필터를 길게 잘라 주세요.

2. 자를 이용하여 똑같은 높이에 펜으로 선을 그어 주세요.

3. 펜으로 선을 그은 거름종이 또는 커피 필터의 윗부분에 펜 종류를 적고 수수깡에 핀을 사용하여 고정시켜 주세요.

4. 수조에 물을 담은 후 3에서 준비한 거름종이 또는 커피 필터를 수조에 넣어 주세요.

5. 물이 거름종이 또는 커피 필터의 윗부분까지 올라가면 꺼내서 잘 말려 주세요.

앗! 잠깐

펜으로 그은 선이 물에 잠기지 않도록 수조 속 물의 양을 조절해 주세요. 거름종이 또는 커피 필터의 윗부분이 전부 젖지 않도록 윗부분이 1 cm 정도 남았을때 종이를 물에서 빼주세요.

어떤 결과가 나왔나요?

실험 결과를 대조하면서 다른 점이 무엇인지 관찰하고 차이점을 적어 보세요.

사건을 마무리해 볼까요?

같은 검정색 펜으로 실험하였지만, 결과는 모두 다르게 나왔어요.

- 검정 사인펜 1 (M브랜드)
- 검정 사인펜 2 (MG브랜드)
- 검정 컴퓨터용 사인펜
- 검정 유성 매직

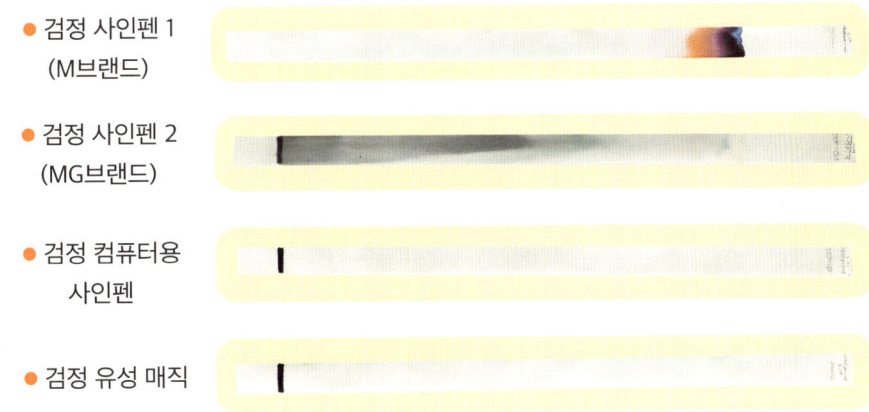

수용성인 사인펜은 물에 녹아 색이 분리되고, 컴퓨터용 펜과 유성 매직은 물에 녹지 않아 분리되지 않는 것을 관찰할 수 있어요. 그리고 같은 검정색 사인펜이라도 만든 곳에 따라 색이 혼합된 비율이 다르다는 것을 알 수 있어요. 여러분의 결과는 어땠나요?

이제 할머니 유언장의 크로마토그래피 결과를 볼까요?

증거 자료	유언장	크로마토그래피 결과
첫째 조현세가 주장하는 진짜 유언장	재산 ㊵%를 증여한다. 재산 ㉚%를 증여한다. 재산 10%를 증여한다.	10 / 30
둘째 조만세가 주장하는 진짜 유언장	재산 ⑩%를 증여한다. 재산 ⑧⓪%를 증여한다. 재산 10%를 증여한다.	10 / 30
셋째 조정세가 주장하는 진짜 유언장	재산 ⑩%를 증여한다. 재산 ㉚%를 증여한다. 재산 10%를 증여한다.	10 / 30

과학 수사 성공!

아니 이럴 수가! 유언장을 크로마토그래피로 분석하였더니, 다른 펜으로 수정한 글자들이 없어지고 원래 할머니가 적어놓은 숫자만 남았어요. 결과를 보니 조현세 씨는 10을 40으로 고쳤고, 조만세 씨는 30을 80으로 고쳤어요! 비교해 보니 조정세 씨의 유언장이 고쳐지지 않은 그대로의 유언장이었어요! 현세 씨와 만세 씨는 유언장을 보고 욕심이 나서 고쳤다고 하며 용서를 빌었어요. 앞으로는 세 남매가 서로 의지하면서 행복하게 살겠다고 약속했는데, 잘 지킬 수 있겠죠?

알록달록 무지개를 만들어 볼까?

물에 닿으면 번지는 사인펜의 특성을 가지고 무지개를 만들어 보세요.

 체험 활동을 통해 크로마토그래피를 자연스럽게 이해하고 색의 구성 성분을 알 수 있다.

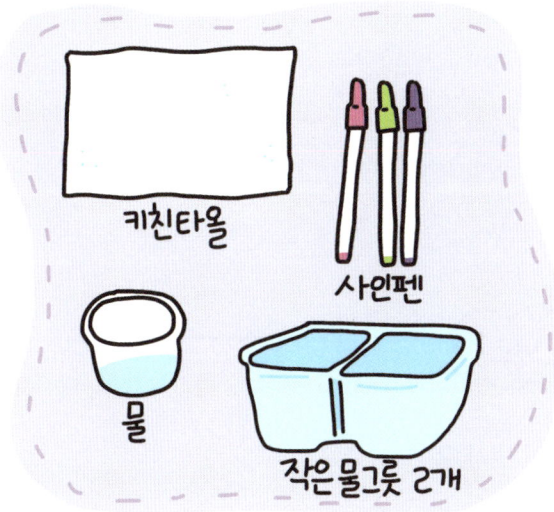

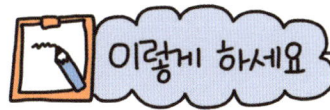

1. 키친타올의 양 끝부분을 옆 그림과 같이 여러 색의 사인펜으로 색칠해 주세요.
2. 수조 2개를 준비하여 각 수조에 물을 아주 얕게 담아 주세요.

3. 색칠한 키친타올 양끝을 수조에 넣어 주세요.
4. 조금 기다리면 그림과 같이 색깔들이 만나 무지개색을 만들 거예요.

💡 앗! 잠깐

〈이렇게 하세요〉의 2에서 수조에 물을 담을 때는 키친타올에 사인펜을 칠한 부분이 모두 잠기지 않을 정도로 조금만 담가 주세요.

 어떤 결과가 나왔나요?

내가 만든 무지개를 붙여 보세요.

체험 활동) 꽃다발을 만들어 보자

 크로마토그래피의 특징을 이용하여 알록달록 예쁜 꽃다발을 만들어 봅시다.

 체험 활동을 통해 크로마토그래피를 이해하고 색의 구성 성분을 알 수 있다.

1. 거름종이나 커피 필터를 사용하여 꽃 모양의 잎을 3~4장 만들어 주세요.

2. 각 꽃잎 모양에 사인펜을 사용하여 예쁜 무늬를 그려 주세요.

3. 꽃잎 모양의 종이들을 접어 끝부분만 물에 넣어 주세요.

4. 젖은 꽃잎 모양의 종이들을 잘 펴서 말려 주세요.

5. 꽃잎 모양 종이의 일부를 원의 중심부터 그림과 같이 잘라 주세요.

6. 자른 꽃잎에 풀칠을 하여 서로 이어 붙여 주세요.

7. 핀을 이용해 6에서 만든 꽃을 수수깡에 붙여 주세요.

8. 1~7의 과정을 반복하여 여러 크기와 색깔의 꽃을 만들어 나만의 꽃다발을 만들어 보세요.

어떤 결과가 나왔나요?

내가 만든 꽃을 붙여 보세요. 사진을 찍어 붙여도 좋아요.

2. 찾아라! 할머니의 유언장

튼튼 과학

혼합물이란 무엇일까요?

혼합물이란 두 개 이상의 여러 물질이 화학 반응을 하지 않고 단순히 섞여 있는 것을 말해요. 혼합물은 크게 두 가지로 구분할 수 있는데, 설탕물과 소금물처럼 물질이 균일하게 섞여 있는 것을 균일 혼합물이라고 하고, 흙탕물처럼 불균일하게 섞인 것을 불균일 혼합물이라고 해요.

혼합물은 어떻게 분리할까요?

혼합물은 성분 물질들이 가지는 특징의 차이점을 이용하여 물질들을 분리할 수 있어요. 이때 물질의 특징에는 밀도, 용해도, 끓는점 등이 있어요. 밀도 차이를 이용하여 섞이지 않는 액체인 물과 기름을 분리할 수 있고, 용해도 차이를 이용하여 물에 녹는 소금과 물에 녹지 않는 모래를 분리할 수 있어요. 끓는점 차이를 이용하는 증류도 혼합물을 분리하는 방법 중의 하나예요.

크로마토그래피란 무엇인가요?

'크로마'는 라틴어로 'COLOR', 즉 색이라는 뜻이고 '그래피'는 '기록'이라는 뜻이에요. 따라서 크로마토그래피는 '색깔의 기록'이라는 의미를 가지고 있어요.

크로마토그래피는 혼합물을 분리하기 위한 방법 중 하나로, 혼합물을 이루고 있는 각 성분 물질이 퍼져나가는 속도가 다른 것을 이용해 혼합된 물질을 분리해요.

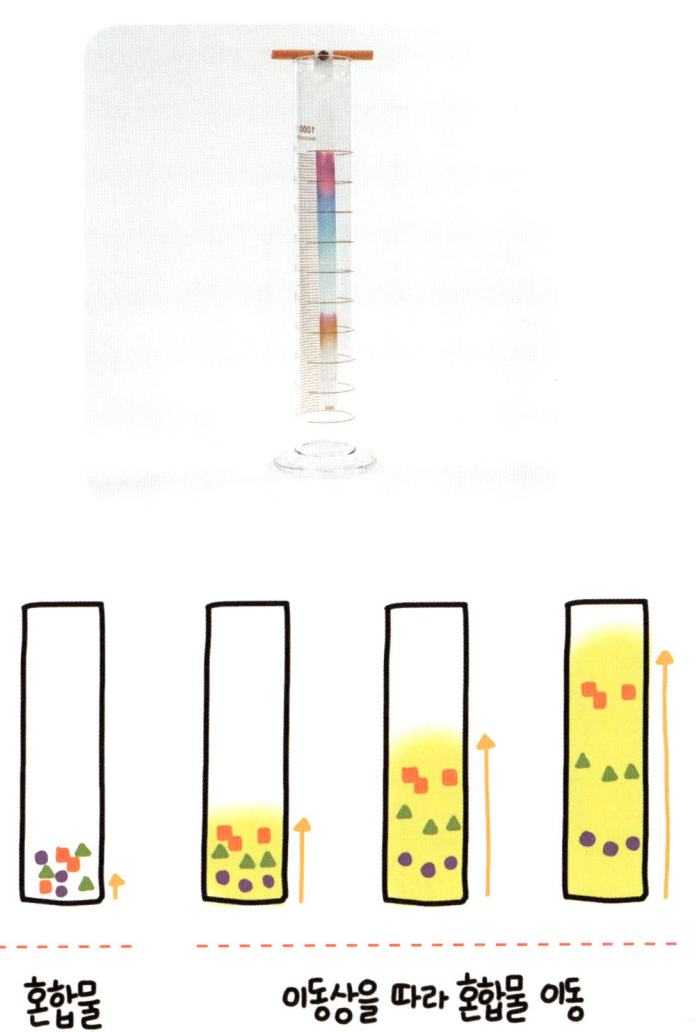

혼합물   이동상을 따라 혼합물 이동

혼합물을 용매에 녹이면 각 성분 물질들이 용매를 따라 이동하는데, 이때 물질마다 다른 특성을 가지고 있기 때문에 이동하는 속도에 차이가 납니다. 이를 이용하여 각 성분 물질을 분리할 수 있습니다.

알고 있니? 지폐의 비밀

핵심 개념 빛, 자외선
연계 교과 초등 과학 6학년 1학기 5. 빛과 렌즈

> **실험 목표**
> 1. 위조지폐에 숨겨진 위조 방지 장치를 알 수 있다.
> 2. 진짜 지폐와 위조지폐를 구별하는 방법을 알고 실생활에 적용할 수 있다.

1 수사 과정
지폐 속 숨겨진 비밀을 찾아라!

재석이는 엄마가 주신 만 원으로 병아리를 3천 원 주고 사고, 5천 원권 한 장과 천 원권 두 장을 돌려받았어요. 그리고 문방구에서 4천 원짜리 지갑을 사기 위해 5천 원을 내고 다시 천 원권 한 장을 받았어요. 받은 돈 중 위조지폐가 있다고 했어요. 위조지폐를 찾아볼까요?

증거 자료 1	증거 자료 2	증거 자료 3
병아리를 사고 받은 천원 권		지갑을 사고 받은 천원 권

 시각과 촉각을 이용하여 지폐의 위조를 방지하기 위한 장치를 찾아보고, 위조지폐 방지 장치에는 어떤 것들이 있는지 알 수 있다.

루페

천원 지폐

* 지폐를 꼼꼼하게 살펴보고 지폐의 특징을 알아보세요.

1. 지폐를 구석구석 만져 보세요.

2. 지폐를 요리조리 기울여 보세요.

만지작~ 만지작

3. 알고 있니? 지폐의 비밀　　97

3. 지폐를 들어 빛에 비춰 보세요.

4. 루페를 이용하여 지폐를 자세히 들여다 보세요.

지폐에서 특이하다고 생각되는 부분을 아래 그림에 표시해 보세요.

사건을 마무리해 볼까요?

실제 지폐에는 다음과 같은 여러 가지 장치가 있었어요.

1. 지폐를 만져 보았을 때 알 수 있는 위조 방지 장치

볼록 인쇄
오돌토돌한 감촉을 느낄 수 있어요.

2. 지폐를 기울여 보았을 때 알 수 있는 위조 방지 장치

요판 잠상
비스듬히 보면 숨겨져 있는 글자가 나타나요.

3. 알고 있니? 지폐의 비밀

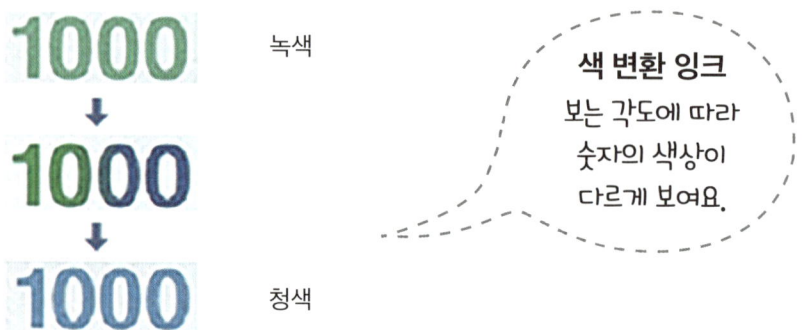

녹색

청색

색 변환 잉크
보는 각도에 따라 숫자의 색상이 다르게 보여요.

3. 지폐를 불빛에 비춰 보았을 때 알 수 있는 위조 방지 장치

맞춤 부분 노출 은선

지폐 가운데 있는 반짝거리는 필름을 발견할 수 있어요. 빛에 비추어 보면 필름 내부에는 한국은행BOK라는 글씨가 새겨진 것을 볼 수 있어요.

숨은 그림

빛에 비추어 보면 퇴계 이황의 얼굴을 확인할 수 있어요.

돌출 은화

빛에 비추어 보면 숫자 1000을 확인할 수 있어요.

앞뒤판 맞춤

빛에 비추어 보면 지폐 위쪽에 있는 앞면의 그림과 뒷면의 그림이 합쳐져서 태극 무늬가 나타나요.

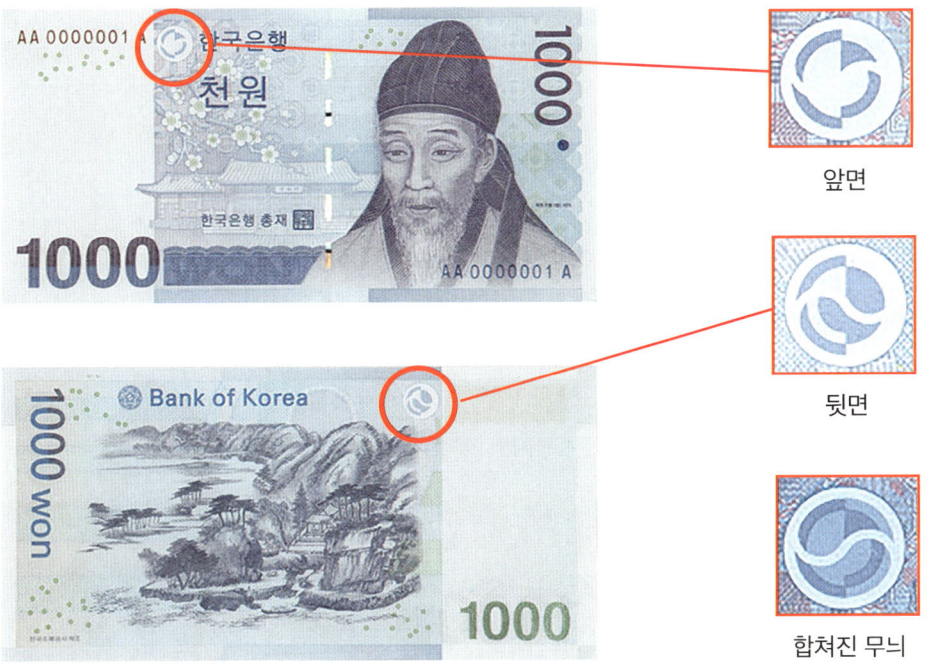

4. 지폐를 자세히 보아야 보이는 위조 방지 장치

미세 문자

자세히 보면 숨겨져 있는 글자가 나타나요. 맨 눈으로는 잘 확인되지 않고, 확대경 등을 사용해야만 확인이 가능해요. 컬러 복사를 하거나 컬러 프린트를 이용해서 위조할 경우에는 미세 문자가 보이지 않아요.

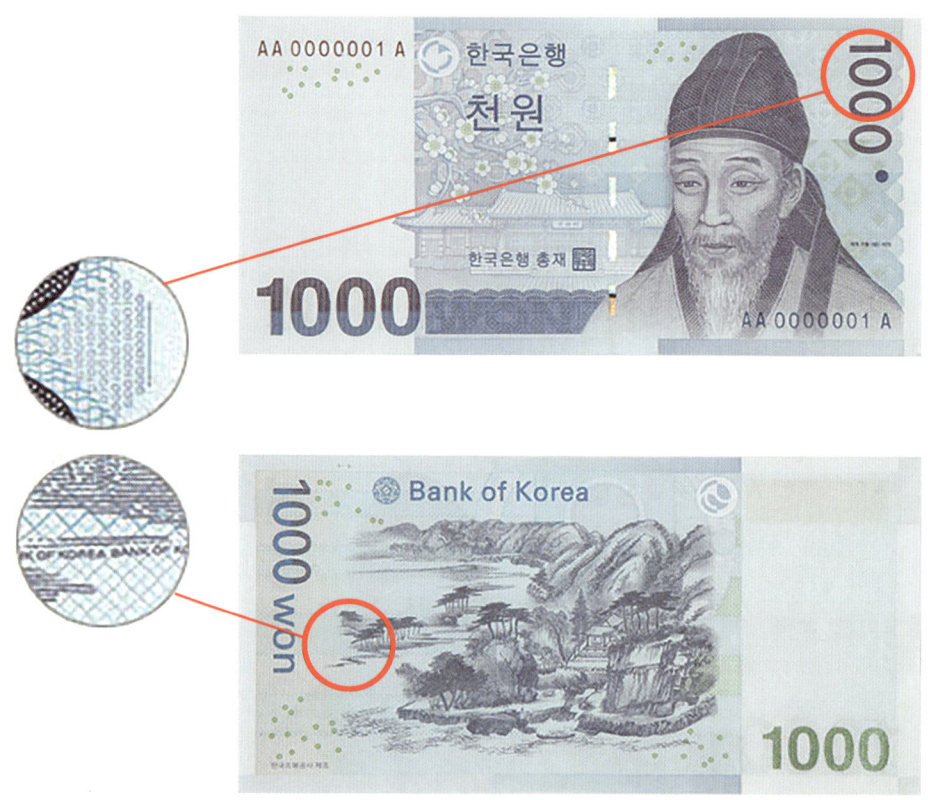

증거 자료 1과 2의 지폐에서 위조 방지 장치를 모두 확인할 수 있었어요. 그런데 증거 자료 3은 너무 많이 구겨져 있어서 확실하게 확인하기 힘들어요. 구겨진 지폐가 진짜 지폐인지 위조지폐인지를 구분할 수 있는 다른 방법은 없을까요?

2 수사 과정
지폐 속 꼭꼭 숨겨진 비밀을 찾아라!

한국은행 인터넷 사이트에 들어갔더니 위조를 방지하기 위해 지폐에 형광 물질을 넣었다고 했어요! 그럼 형광 물질을 볼 수 있는 자외선 등을 만들어 정말 위조지폐인지 알아볼까요?

 형광 물질을 볼 수 있는 자외선 등을 만들어 보고, 지폐의 위조 방지 장치를 찾을 수 있다.

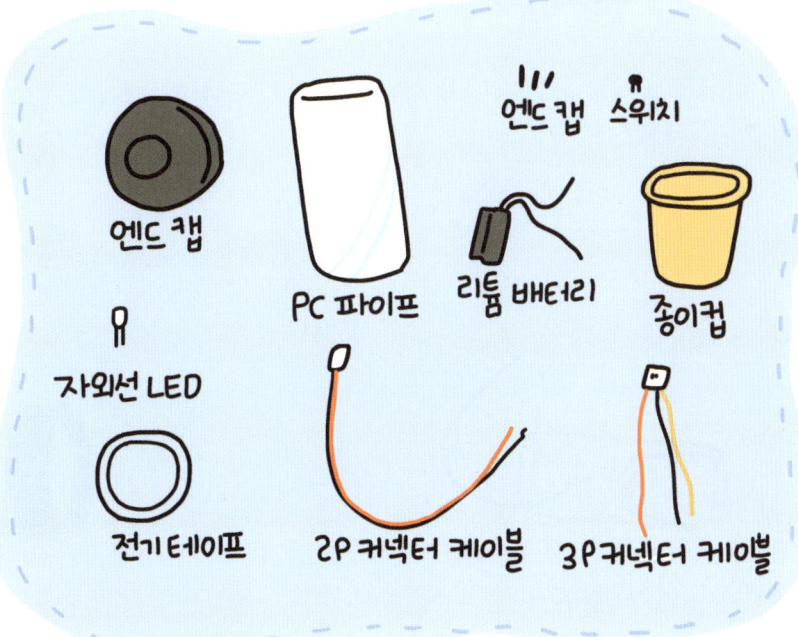

3. 알고 있니? 지폐의 비밀

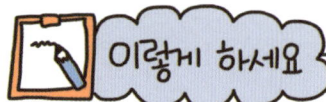 이렇게 하세요

1. 종이컵에 작은 구멍을 내고 LED 등을 컵 바닥에 끼워 주세요.

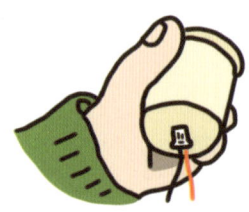

2. 2P 커넥터에 LED 등을 연결해 주세요. 이때 LED의 긴 다리 쪽을 붉은색에 연결해 주세요.

3. PC 파이프에 작은 구멍을 내고 스위치를 끼워 주세요.

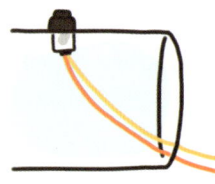

4. 3P 커넥터의 가운데 전선을 절단한 다음 스위치와 3P 커넥터의 양 끝을 연결해 주세요.

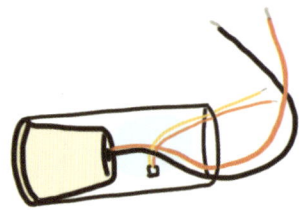

5. LED가 연결된 종이컵을 PC 파이프에 끼워 보세요.

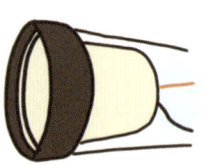

6. 전기 테이프로 종이컵과 PC 파이프 연결 부분이 떨어지지 않도록 잘 붙여 주세요.

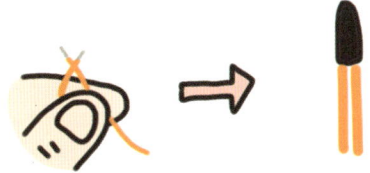 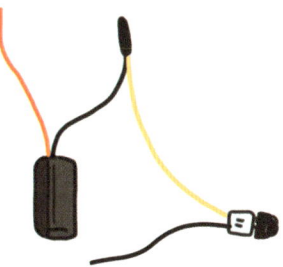

7. LED와 연결된 커넥터의 빨간색 전선과 건전지의 빨간색 전선을 연결하고 작은 엔드 캡으로 막아 주세요.

8. 스위치에 연결된 커넥터의 빨간색 전선과 건전지의 검정색 전선을 연결해 주세요.

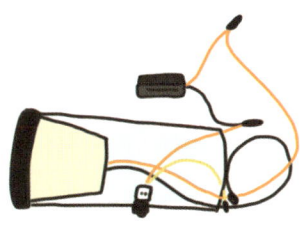 

9. 남은 전선, LED와 연결된 커넥터의 검정색 전선과 스위치와 연결된 커넥터의 노란색 전선을 서로 연결해 주세요.

10. 건전지와 선을 잘 정리해서 PC 파이프에 넣고 엔드 캡으로 잘 막아 주세요.

 **앗! 잠깐**

자외선 등은 주로 피부와 눈에 해로운 영향을 미칠 수 있어요. 자외선 등을 사용할 때는 얼굴이나 손에 직접 빛을 비추지 않도록 조심해 주세요.

어떤 결과가 나왔나요?

1. 자외선 등이 완성되었어요. 불을 끄고 완성된 전등으로 지폐를 확인해 보세요.
2. 지폐에서 형광 물질을 발견했나요? 내가 발견한 형광 물질을 그려 보세요.

사건을 마무리해 볼까요?

형광 색사

형광 빛을 내는 가느다란 특수 섬유가 지폐에 들어가 있어요. 자외선 등을 비추면 여러 빛을 내는 섬유를 지폐 용지 전체에서 찾을 수 있어요.

형광 잉크

자외선 등을 비추면 명륜당 매화가 나타나는 것을 확인할 수 있어요.

과학 수사 성공!

자외선 등을 비춰 보았더니, 증거 자료 1과 2에서는 형광 그림과 색사가 보였지만 3에서는 마지막 위조 식별 장치가 보이지 않았어요! 알고 보니 문방구의 고양이가 복사 버튼을 눌러 지폐가 인쇄되었고, 이를 몰랐던 문방구 아저씨는 이 지폐를 재석이에게 주었던 것이랍니다. 오늘도 하니의 과학 수사 성공!

튼튼 과학

 **자외선이란 무엇일까요?**

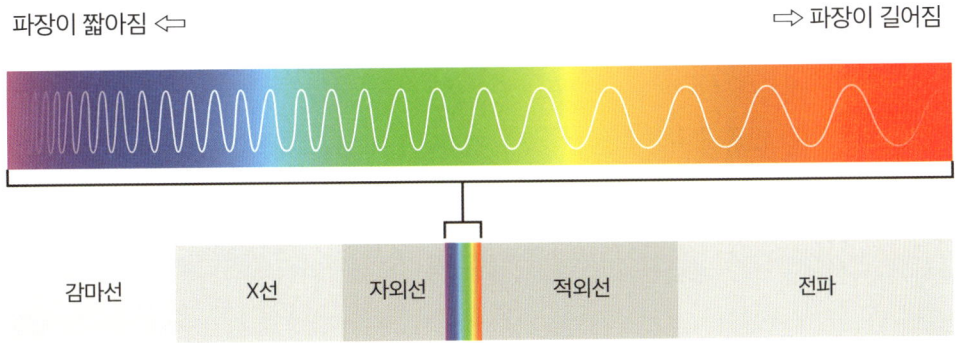

태양광 중 눈에 보이는 빛을 가시광선이라고 해요. 우리는 흔히 무지개 색을 빨강-주황-노랑-초록-파랑-남색-보라라고 하는데, 이 색들이 바로 우리 눈에 보이는 가시광선이에요. 자외선은 이러한 가시광선 보라색 끝부터 시작되는 빛으로 '보라색 바깥쪽에 있는 빛이다'라는 의미예요.

 **자외선의 특징은 무엇인가요?**

자외선은 에너지가 커서 물질의 결합들을 깨기 쉬워요. 그래서 피부에서는 자외선으로부터 몸을 보호하기 위해 멜라닌 색소를 퍼뜨립니다. 우리가 여름에 햇빛을 많이 받으면 피부가 까맣게 그을리는 것을 볼 수 있는데, 이것이 바로 피부가 자외선으로부터 몸을 지키기 위해 멜라닌 색소를 많이 생성하여 나타난 현상입니다. 강한 자외선은 세포 속의 물질들을 파괴할 수도 있습니다. 이러한 특징을 이용한 것이 바로 자외선 살균기입니다. 자외선 살균기는 자외선을 식기나 식품에 비추어 세균을 파괴하여 없애는 것이랍니다.

 ### 생활 속에 어떤 자외선이 있을까요?

해가 뜨거운 여름, 놀러 나가기 전에 선크림을 발랐던 경험이 있나요? 선크림을 바르는 것은 자외선이 우리 피부를 파괴하지 못하게 하여 피부를 보호하기 위해서입니다. 또 식당에 물 컵을 보관하는 기계 안에서 파란색이 빛나는 것을 본 적이 있나요? 푸른빛이 바로 자외선입니다. 자외선을 이용해 컵 표면을 살균하는 것이죠.

그런데 자외선은 우리가 볼 수 있는 가시광선의 범위를 벗어난 빛이기 때문에 눈에는 보이지 않아요. 우리가 만든 자외선 등도, 식당에서 보았던 자외선 살균기도 푸르게 빛나고 있었는데, 어떻게 된 일일까요? 자외선은 세포를 파괴할 수 있기 때문에 우리가 조심할 수 있도록 자외선 빛에 색을 입혀 준 것이에요. 눈에 보이니까 더 조심할 수 있겠죠?

 ### 지폐의 형광 물질은 왜 자외선에서만 보일까요?

형광 물질의 분자는 자외선 빛을 만나면 자외선 빛의 에너지를 흡수해요. 에너지를 흡수한 형광 물질의 분자들은 원래 가진 에너지보다 더 많은 에너지를 갖게 되어 불안정한 상태가 됩니다. 그래서 에너지를 다시 방출하게 되는데, 그때 방출되는 에너지가 우리 눈에 형광색으로 보이는 것이랍니다.

 ### 위조지폐와 모조지폐는 무엇이 다를까요?

위조지폐는 남을 속이려고 진짜와 비슷하게 만든 가짜 지폐로 진짜 지폐와 똑같은 크기, 재질, 색상으로 제작된 지폐를 말합니다. 진짜로 속여서 이용하기 위한 지폐인 셈이지요. 하지만 모조지폐는 장난감이나 교육용 자료를 목적으로 만든 지폐로 진짜 지폐와 크기, 모양, 색상 등이 다른 지폐를 말합니다.

위조지폐를 만드는 것은 목적에 상관없이 엄한 처벌이 따르기 때문에 장난으로라도 절대 만들지 않도록 주의해야 합니다.

 ## 위조지폐를 발견하면 어떻게 해야 할까요?

받은 돈이 위조지폐라고 생각될 때는 침착하게 위조지폐 사용자의 인상착의나 차량 번호 등 사용자의 정보를 기억해 둡니다.

위조지폐인 것을 알게 되었을 때는 무리하게 돌려주려고 하지 말고 지문이 지워지지 않도록 주의해서 봉투에 넣은 뒤 경찰에 신고합니다.

주인이 없는 위조지폐를 우연히 발견하였을 때는 가까운 경찰서나 은행에 바로 신고하고 위조지폐를 반납해야 합니다.

위조지폐인 것을 알면서도 사용하면 무거운 처벌을 받게 되므로, 위조지폐를 발견하면 절대 사용하지 않고 바로 신고해야 합니다.

두근두근! 실제 현장을 잡아라!

엉터리 위조지폐 만든 범인, 덜미 잡혔다

　2020년 11월, 경찰서에 택시 기사분이 빠르게 뛰어오더니 위조지폐를 신고한 사건이 있었어요. 30대 손님이 택시 요금으로 낸 지폐가 뒷면은 있었으나, 앞면이 백지 상태인 것을 보고 빠르게 신고한 거예요.
　신고를 받은 경찰은 CCTV 등 주변을 수사하여 범인 A 씨를 검거하였어요.
　A 씨는 뒷면만 인쇄하고 앞면은 백지로 만든 엉터리 위조지폐를 만들어 사용했던 거예요. 검거된 A 씨의 집에서는 택시에서 사용한 것과 같은 뒷면만 인쇄된 엉터리 위조지폐 1만 원권 38장과 100달러짜리 72장, 자기앞 수표 7장 등 위조지폐 100여 장이 발견되었어요.
　A 씨는 "호기심에 만들어 사용해 보았다"라고 하였어요. 경찰은 지폐 앞면은 위조 방지 장치가 있어 위조하기 어렵다고 판단하여, 뒷면만 인쇄하고 앞면은 백지 상태로 둔 것 같다고 해요. 수사 결과 엉터리 위조지폐를 제작해 처음 사용한 곳이 택시였고, 다른 곳에서는 사용한 적이 없다고 하니 그나마 다행이에요.
　위조지폐를 만들어 사용한 A 씨는 통화 위조, 사기 등에 대하여 처벌을 받았어요.

— 출처 인용 **조선일보**

3부

유전자를 밝혀라!

1. 유전자로 잡은 범인

유전자로 잡은 범인

핵심 개념 DNA, 유전자 분석
연계 교과 중학교 과학 3 5. 생식과 유전 | 고등학교 생명과학 Ⅱ 4. 유전자의 발현과 조절

실험 목표
1. 혈액형 분석법을 통하여 혈액을 분석하는 원리를 이해하고 자신의 혈액형을 판별할 수 있다.
2. DNA 검사법을 통해 전기 영동의 원리를 알고 유전자를 분석할 수 있다.

사건 열기

1. 유전자로 잡은 범인

수사 과정
1 피의 비밀, 혈액형

현장에 남겨져 있던 거머리! 거머리가 빨아먹은 혈액을 감식하면 범인을 잡을 수 있을 거예요. 우선, 현장에서 사라진 수표를 사용한 4명부터 조사해야겠어요.

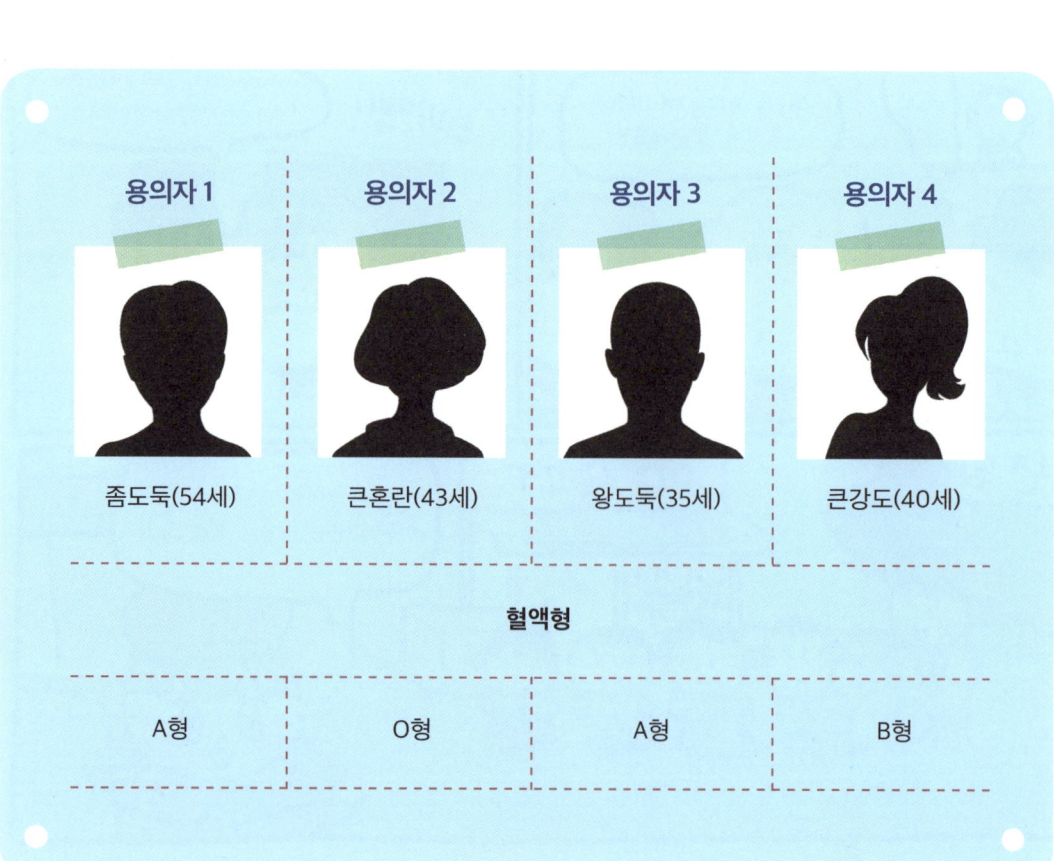

용의자 1	용의자 2	용의자 3	용의자 4
좀도둑(54세)	큰혼란(43세)	왕도둑(35세)	큰강도(40세)
혈액형			
A형	O형	A형	B형

 목표 혈액형 분석을 통해 범인을 찾을 수 있다.

 준비물

 이렇게 하세요

1. 유리판에 항 A 혈청, 항 B 혈청을 작은 양 떨어뜨리세요.
2. 채혈기를 이용하여 혈액을 한 방울 채취하세요.
3. 혈액을 각 혈청에 떨어뜨리고 깨끗한 이쑤시개를 이용하여 잘 섞어 주세요.
4. 혈액이 혈청과 반응하여 응고되는 모양을 관찰하여 자신의 혈액형을 알아보세요.

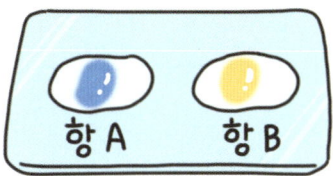

 앗! 잠깐

1. 시간이 지나면 혈액이 응고될 수 있으므로 혈액이 응고되기 전에 빨리 혈청과 반응시켜야 해요.
2. 채혈을 하기 전에 알코올 솜을 이용하여 손가락과 채혈침을 충분히 소독해 주세요.
3. 채혈기의 채혈침은 한 번만 사용하고, 사용 후 모아 분리수거하세요.
4. 혈청은 온도가 높은 곳에 보관하면 변질 위험이 있으므로 냉장 보관하였다가 사용하세요.

어떤 결과가 나왔나요?

1. 나의 혈액은 항 A 혈청과 항 B 혈청 중 어디에서 응집을 보였나요?
● 관찰한 모습을 그림으로 그리거나 글로 써 보세요.

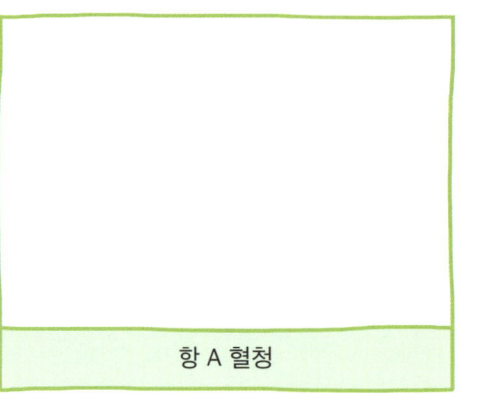

| | 항 A 혈청 | 항 B 혈청 |

_____

_____

_____

● 각 혈액에서의 응집 반응을 표로 정리하면 아래의 표와 같아요.

	A형	B형	O형	AB형
항 A 혈청	O	X	X	O
항 B 혈청	X	O	X	O

2. 나의 혈액형은 무엇인가요?

사건을 마무리해 볼까요?

거머리에서 추출된 범인의 혈액은 항 A 혈청에만 응집 현상을 보였기 때문에 A형이라는 것을 알 수 있어요!

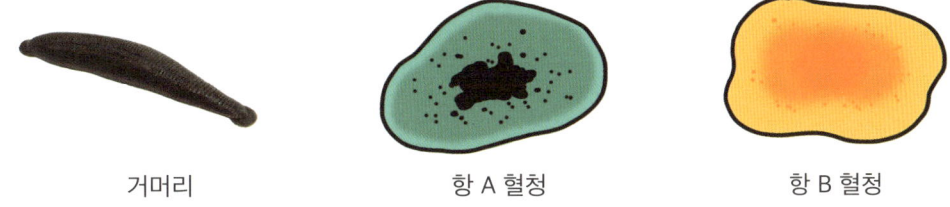

| 거머리 | 항 A 혈청 | 항 B 혈청 |

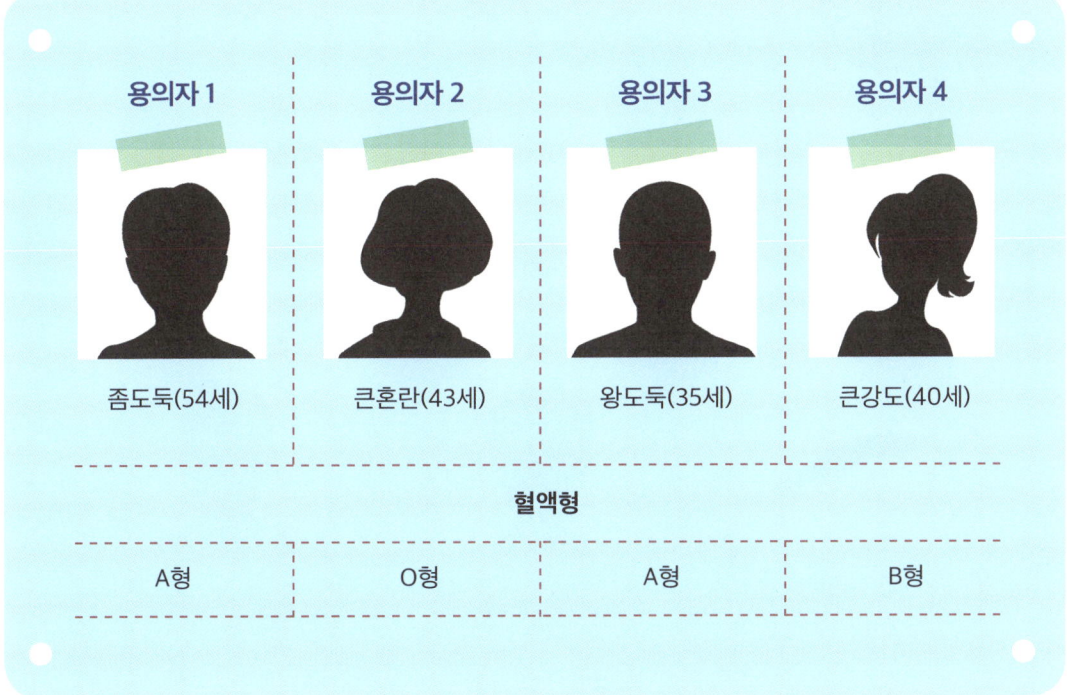

용의자 1	용의자 2	용의자 3	용의자 4
좀도둑(54세)	큰혼란(43세)	왕도둑(35세)	큰강도(40세)
혈액형			
A형	O형	A형	B형

좀도둑 씨의 혈액은 A형, 큰혼란 씨의 혈액은 O형, 왕도둑 씨의 혈액은 A형, 큰강도 씨의 혈액은 B형이므로, 범인과 같은 혈액형을 가진 좀도둑 씨와 왕도둑 씨로 용의자의 범위를 좁힐 수 있어요!
하지만 아직 누가 범인인지 완벽하게 알아낼 수 없어요. 둘 중에 누가 범인일까요? 더 정확한 분석을 할 수 있는 방법은 없을까요?

수사 과정
전기영동 실험을 통한 유전자 분석 도전!

더 정확한 증거로 범인을 확정하기 위해 범인의 것으로 추정되는 DNA를 거머리에 있던 혈액으로부터 추출하였어요. 단서 1을 활용한 수사 과정에서 같은 혈액형을 가진 좀도둑 씨와 왕도둑 씨로 용의자의 범위를 좁혔으니, 더 정확한 분석을 위해 이들의 DNA 분석을 실시해 볼까요?

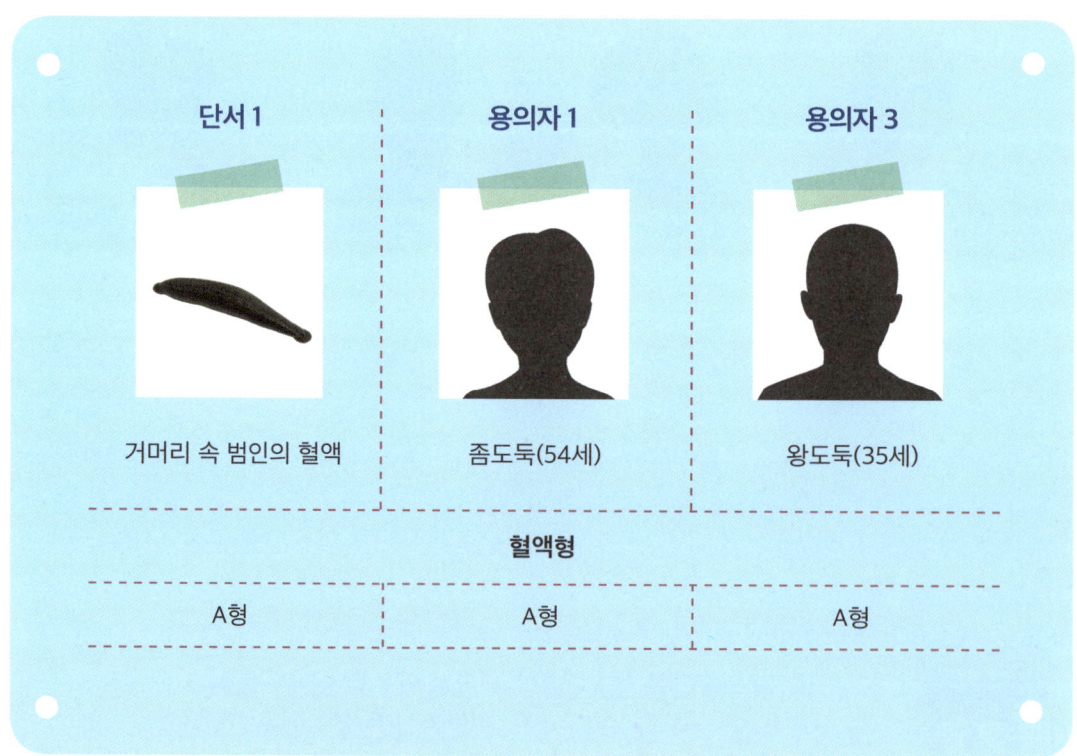

 **목표** 유전자 분석을 통해 범인을 찾을 수 있다.

 **준비물**

1. 유전자로 잡은 범인

 이렇게 하세요

1. 범인과 용의자들의 혈액 샘플을 준비합니다.

2. 증거물에서 DNA를 분리합니다.

3. 검사할 부분의 유전자를 증폭시켜 줍니다.

4. 유전자에 제한 효소 처리를 합니다.

5. 각 유전자 샘플을 전기영동합니다.

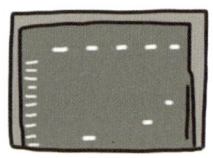

6. 전기영동 결과를 해석하여 범인을 찾습니다.

이 실험은 직접 하기 어려운 실험이에요.
QR 코드를 찍어서 전기영동 과정을 영상으로 확인해 보세요.
전기영동 실험을 통한 유전자 분석 도전!

어떤 결과가 나왔나요?

아래 그림에 각자 결과를 색연필로 표현해 보세요.

A: 거머리 검출 DNA 1
B: 거머리 검출 DNA 2
C: 좀도둑 DNA 1
D: 좀도둑 DNA 2
E: 왕도둑 DNA 1
F: 왕도둑 DNA 2

사건을 마무리해 볼까요?

거머리와 좀도둑, 왕도둑의 혈액에서 검출된 유전자를 감식하였더니 다음과 같은 결과가 나왔어요.

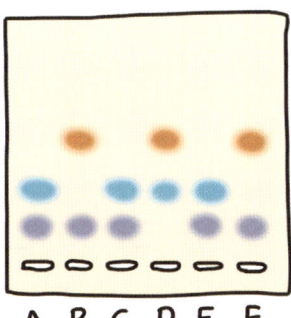

A: 거머리 검출 DNA 1
B: 거머리 검출 DNA 2
C: 좀도둑 DNA 1
D: 좀도둑 DNA 2
E: 왕도둑 DNA 1
F: 왕도둑 DNA 2

실제 DNA 분석 결과를 보면 아주 복잡하고 색도 나타나지 않아요. DNA는 사실 색이 없으나, 전기영동을 이해하고 DNA 분석을 쉽게 설명하기 위해 임의로 색을 띠는 물질을 첨가하여 실험을 실시하였다는 점을 참고해 주세요.

1. 유전자로 잡은 범인

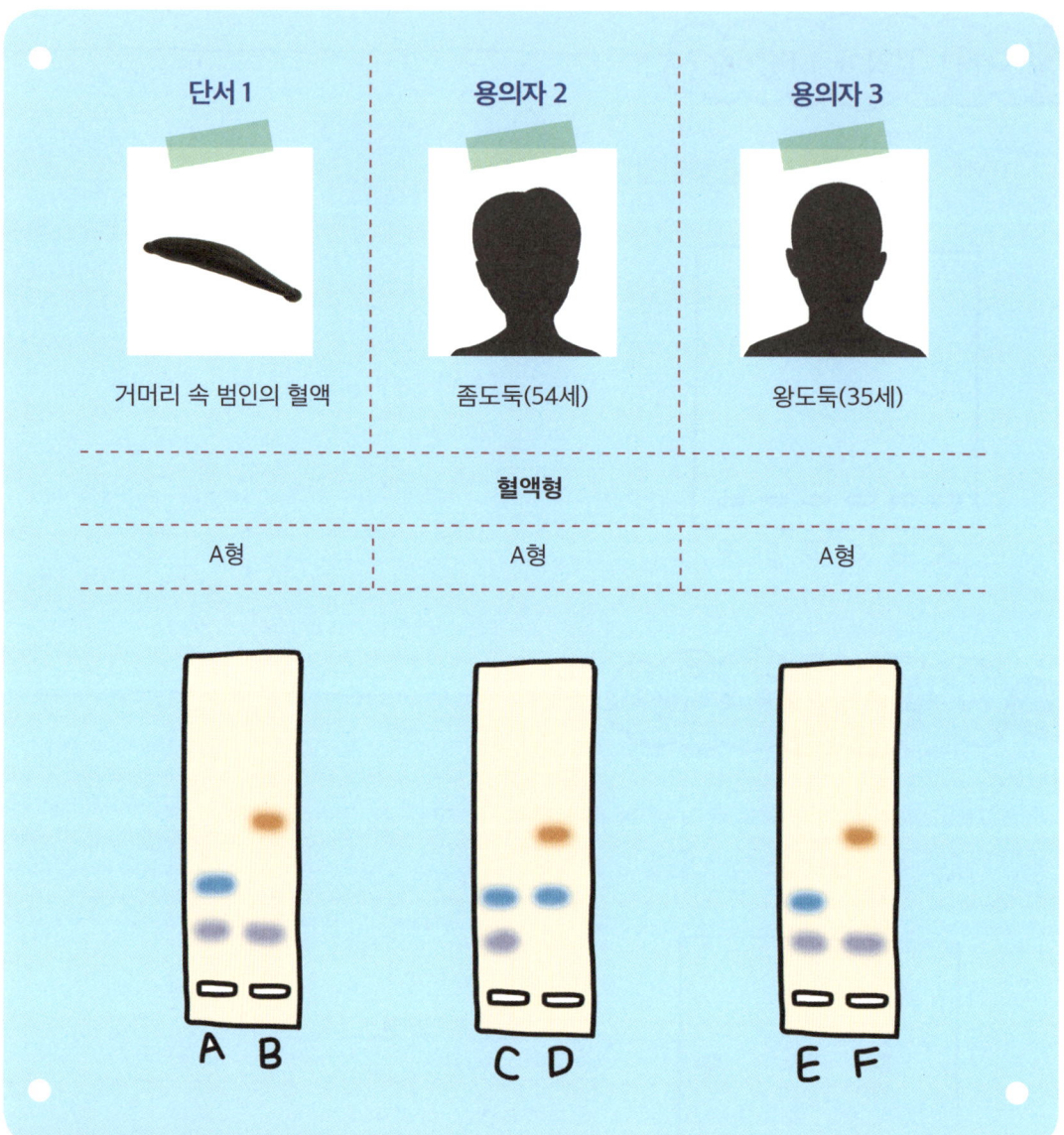

범인을 찾았나요? DNA 분석 결과를 보면 DNA 1은 거머리에서 나온 범인의 DNA와 용의자인 좀도둑 씨와 왕도둑 씨의 DNA가 같다는 것을 알 수 있어요. 하지만 DNA 2의 경우 범인의 DNA와 일치하는 DNA는 왕도둑 씨였어요! 그렇다면 범인은 누구일까요? 범인의 모든 DNA 조각과 정확하게 일치하는 DNA를 가진 왕도둑 씨가 범인이라는 것을 알 수 있어요!

정확하게 일치하는 증거를 가져오자 왕도둑 씨도 고개를 숙이며 죄를 인정하였어요.

튼튼 과학

 **DNA는 어떻게 생겼을까요?**

　DNA의 구조는 나선형으로 생겼어요. DNA를 더 자세히 들여다보면 염기와 당, 인산이 서로 연결되어 나선형으로 꼬여 있는 구조예요.
　DNA의 겉 부분에는 인산이라는 물질이 있는데, 이 물질이 전기적으로 약간 음성을 띠게 해요. 인산기에 의해 (-) 성질을 띄는 DNA의 특성에 의해 전기를 흘려주면 DNA가 이동을 하게 되지요. 전기영동은 이러한 원리로 DNA를 이동시키는 장치예요. 이때 DNA는 아가로스 겔을 통과하면서 크기에 따라 이동 속도와 거리가 달라지는 현상을 보여요. 이 현상을 이용하여 분리된 DNA를 보고 일치하는 DNA를 찾을 수 있는 것이에요.

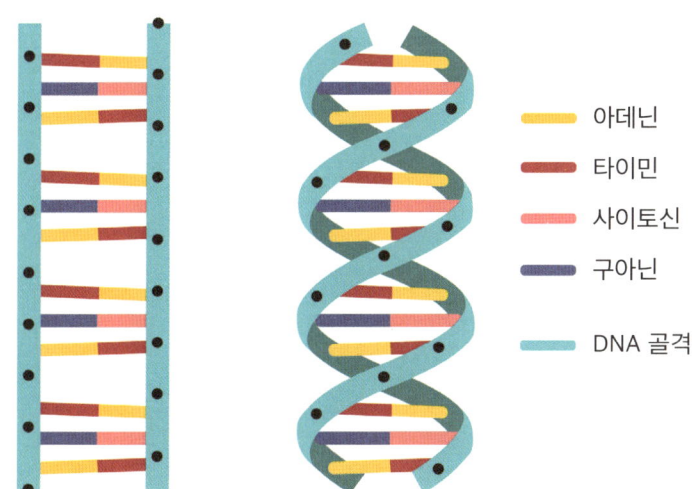

두근두근! 실제 현장을 잡아라!

과학 기술로 밝혀진 화성 연쇄 살인 사건의 범인

화성 연쇄 살인 사건은 1986년부터 1991년까지 경기도 화성시 태안읍 일대에서 일어난 사건이에요. 피해자가 10명이나 되어 전국을 공포에 떨게 한 유명한 사건이었지요. 당시 200만 명의 경찰을 투입하였지만 범인을 찾지 못해서 미제 사건으로 남을 뻔하였어요. 당시 대규모 수사로 살인 현장에서 범인의 것으로 추정되는 담배꽁초와 머리카락을 확보하였지만 당시 과학적으로 분석할 인력과 장비 부족으로 범인 검거에는 실패하였어요.

2003년 개봉된 영화 '살인의 추억'이 바로 이 사건을 영화화하여 만들어진 것이기도 해요. 개봉 당시 공소 시효 만료를 앞두고 있어 주목받기도 하였으나 3년 후인 2006년 공소 시효*가 만료되어 안타까움을 샀어요.

그러나 경찰은 공소 시효 완료 이후에도 진실을 찾는 차원에서 당시 수사 기록과 증거물을 보관하면서 다양한 수사를 진행하였고, 결국 범인을 찾았어요.

범인은 55세 남성 이 모 씨로 1994년에 무기징역 선고를 받고 부산의 교도소에 복역 중이에요. 경찰은 사건 발생 당시에는 DNA가 검출되지 않았지만 오랜 기간이 지난 후에도 재감정하여 DNA가 검출된 사례가 있었기 때문에 현장 증거물 일부를 국과수에 다시 감정 의뢰했다."라고 발표하였어요.

경찰의 1차 조사에서 이 씨는 혐의를 전면 부인하였지만 명확한 증거와 끈질긴 조사에 의해 결국 죄를 시인하였어요. 이렇게 하여 미제로 남을 수 있었던 사건이 해결된 거예요.

— 출처 인용 **동아일보**

*공소시효 범죄가 일어났을 때 일정 기간이 지나서까지 범인지 잡히지 않으면 형벌을 줄 기회가 없어지는 것을 말해요.

1. 안경 도안

2. 미로판

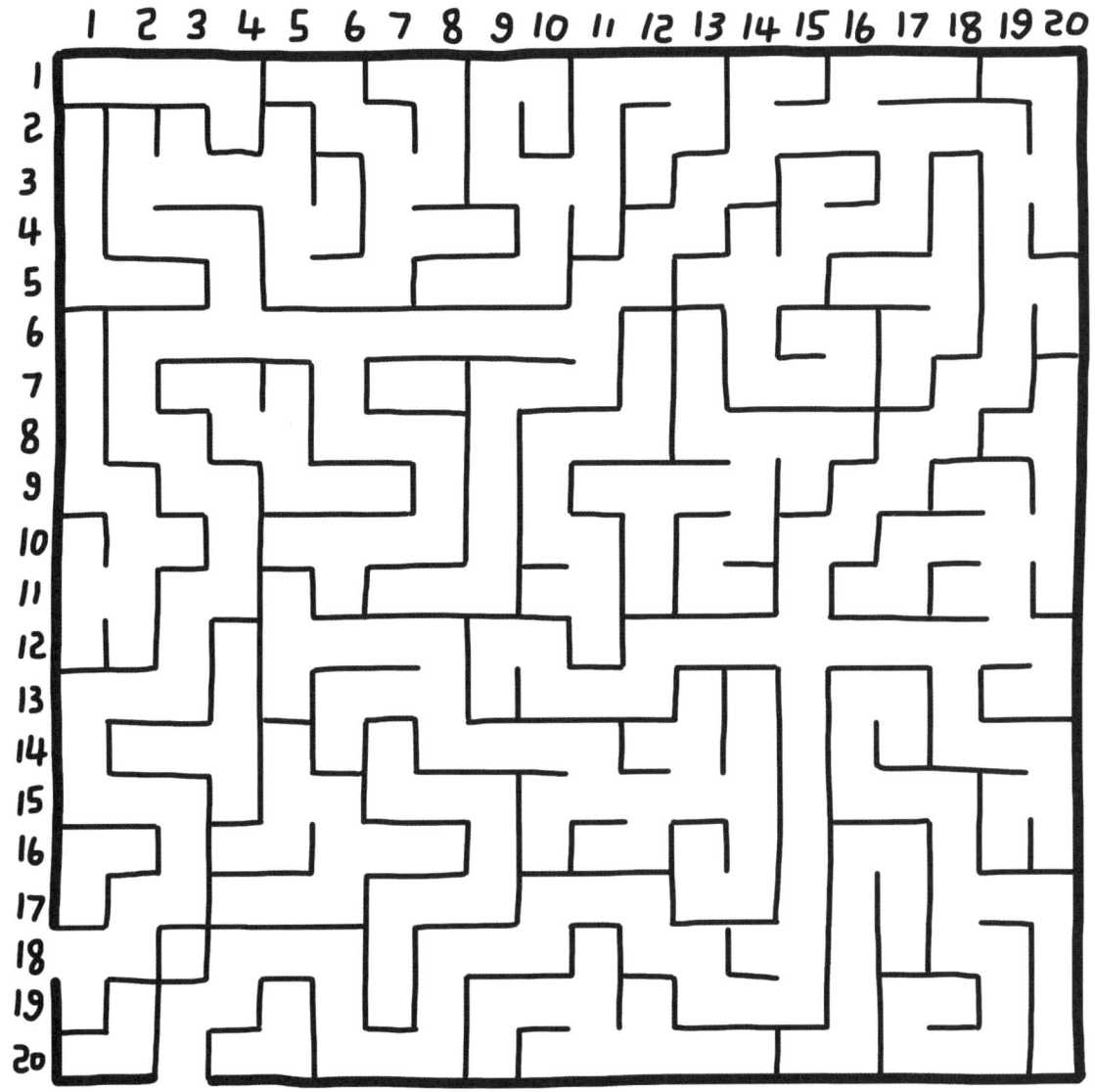

3. 서약서 1

서약서

한용성과 기주성은

친구 왕영우와

언제나

함께 놀겠다고 약속합니다.

한용성(한)

기주성(인)

4. 서약서 2

서약서

한용성과 기주성은

왕영우를 빼고

언제나

함께 놀겠다고 약속합니다.

한용성(한)

기주성(키)

5. 증거 자료 1, 2

증거 자료 1. 한웅성의 알림장

> 한복, 약과, 윷놀이 등
> 우리나라 고유의 것 찾아오기.

증거 자료 2. 기주성의 일기장

> 집에 오는 길에 500원을 주웠다.
> 그래서 친구들이랑 떡볶이를
> 사 먹었다. 기분이 좋았다.

초등 교과서 과학 실험
과학 수사 ❶

1판 1쇄 펴냄 | 2022년 2월 25일

글 | 국립과천과학관 박진희·유수정
그림 | 김재희
발행인 | 김병준
편집 | 박유진
마케팅 | 정현우·차현지
디자인 | 여YEO디자인
발행처 | 상상아카데미

등록 | 2010. 3. 11. 제313-2010-77호
주소 | 서울시 마포구 독막로6길 11, 우대빌딩 2, 3층
전화 | 02-6953-8343(편집), 02-6925-4188(영업)
팩스 | 02-6925-4182
전자우편 | main@sangsangaca.com
홈페이지 | http://sangsangaca.com

ISBN 979-11-85402-53-6 (74400)
　　　 979-11-85402-52-9 (74400)(세트)

잘못 만들어진 책은 구입하신 서점에서 교환해 드립니다.